JN231461

成功する人の
英語ノート
活用術

語学力０だった僕が、これだけで外資系の日本法人社長になりました。

金田博之

はじめに

英語ができない！3つの「ない」を解決する英語ノート術
　〜1冊のノートで、英語力も仕事力もアップ〜

　英語を身につける方法といったら、どんなものが思い浮かぶで
しょうか。
　英会話スクールに通う、参考書を買って帰宅後や休日に勉強す
る、オンラインのツールを使ってネイティブと会話する、語学学
習アプリを使う……ちょっと考えただけでも、さまざまな方法が
思い浮かぶはずです。

　でもきっと多くの方は、こうした方法ではなかなか英語が身に
つかなかったのではないでしょうか。
　なぜなら、大人の英語学習には、3つの「ない」がつきまとう
からです。
　本書のメソッドをお伝えする前に、まずは英語学習の3つの「な
い」について考えてみましょう。

1. 時間がない
　いざ英語を勉強しようと思っても、残業が多く時間がとれない
人は少なくないはずです。私がまさにそうでした。がんばって仕
事が終わった後や休日に英語勉強の時間を作ろうとしても、仕事
の疲れですぐに眠くなってしまいます。

2. 実践の場がない

　英語を実践する場がなく、いつまでたっても座学。これでは英語の読み書きができても、実際に会話ができません。実践の場がないと成果が見えないので、勉強のモチベーションも湧いてきません。

3. 続かない

　最初は気合を入れて英語を勉強したものの、続かない。時間がないから続かない、実践の場がなくモチベーションが湧かないから続かない。続かないから、せっかく身につけた英語も時間の経過とともに頭から離れてしまう……という悪循環に陥ります。

　この３つの「ない」を解決する最適なツールとは何だと思いますか？　それが、いつも持ち歩ける「ノート」なのです。

　英語を勉強する「時間がない」、「実践の場がない」、「続かない」の３つの「ない」を解決し、すぐに現場で使える英語習得のカギは、あなたが日常使っている「ノート」にあります。その理由は以下のとおりです。

1. 時間がない →時間ができる

　普段あなたはどんなときにノートを使いますか。仕事の打ち合わせ、会議、電話内容のメモなど、様々な場で活用されているはずです。そのノートの内容を、そのまま英語に置き換えるとしたら？　これだけで、いつでもどこでも英語が勉強できる状態にな

ります。つまり、わざわざ英語学習の時間を確保する必要がなくなるのです。

2. 実践の場がない →実践の場ができる

この本でおすすめする英語ノートに書く内容は、普段の仕事内容そのもの。例えば、社内の会議を英語でメモし続けることで、仕事で頻繁に使う単語や言い回しが英語で身につけられるようになります。これは、英語を使った仕事をするときに即実践できる「生きた英語（実践英語）」です。

3. 続かない→続けられる

私がおすすめする勉強法で扱うのは、複雑な文章ではなく中学生でも書けるような「1行」の英語だけ。しかもノートを時々振り返れば、自分の成長が目に見えてわかるので、「できる」→「やりたくなる」というよい循環が生まれます。

英語表現力が日に日に豊かになり、使用する単語もバリエーションが増えていくさまが、ノートに記録されていき、成長が可視化されるのです。

しかも、コストは「ゼロ」です（ノート代だけ！）。

さらに、英会話学校や英語教材で学んだ内容を1冊のノートに「集約」することで英語学習効果を一気に促進することができます。1冊の1行英語ノートをあらゆる英語学習のプラットフォームとして活用するのです（詳しくはPart3で説明）。始めない手はないでしょう。

　私が英語ノートをおすすめする理由は、それだけではありません。英語ノートの習慣を身につけるだけで、仕事まで「デキる」人になれるからです。

　この英語ノート術では、「1行」で英語を書くことを基本にしています。1行だから簡単だというだけではありません。実は、1行でノートをつける習慣が、「伝わりやすく話をする」「仕事時間を短縮する」「成功要因を分析する」など、ビジネスパーソンとして重要なスキルをも養ってくれるからなのです。

　つまり、英語ノート術を実践することによって
　①英語が身につく
　②仕事のスキルがアップする
　という、2つの大きなメリットがあるのです。

　ですから、英語をとにかく身につけたいという人や、短期間で英語を使えるようになる必要がある人に限らず、働く全ての人にとって、英語ノート術はメリットがあるといえます。

「英語が話せるようになりたいけれど、勉強する時間がない」
「英語を勉強しても、英語を使う実践の場がない」
「英語で仕事のチャンスをつかみたくても、英語の勉強が続かない」

　この本は、そんなみなさんに贈る1冊です。
　本書のメソッドに従って英語学習や海外出張の準備を行えば、

英会話のスキルアップだけでなく、日頃のビジネスのスキルアップも実現します。なぜなら他でもない私自身が、この方法で英語を身につけ、今もなお実践している一人だからです。

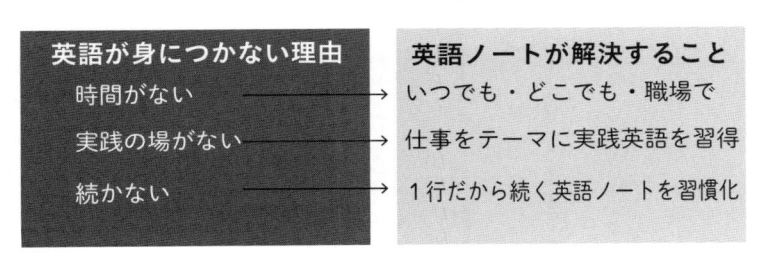

なぜ英語ノートか？

英語が身につかない理由	英語ノートが解決すること
時間がない →	いつでも・どこでも・職場で
実践の場がない →	仕事をテーマに実践英語を習得
続かない →	1行だから続く英語ノートを習慣化

英語ノートを書けば仕事で英語が実践できるようになる！

　現在私は、ニューヨークに本社を置く上場企業の日本法人社長としてヘッドハンターに引き抜かれ、グローバルを舞台に事業の推進をしています。

　毎週のように海外に飛び、海外のエグゼクティブ達とミーティング。日本では多国籍のスタッフたちと英語を交えてのやりとり。日本にいながら、オーストラリアやアメリカ、ドイツ、インド、イスラエルなどのパートナーと、オンラインでの英語の会議をすることもしばしば。日本にいながら1日の7割を英語で過ごす、なんてことも珍しくありません。

　そんな私ですが、29歳まではまったく英語が話せませんでした。

　社会人を始めたのは外資系企業でしたが、私が配属されたのは国内向けのマーケティングをおこなう部署で、同じ部署の外国人も日本語が流暢だったため、英語を使う機会がなかったのです。

　それにも関わらず副社長補佐になり、日本語ですら難しい業務を、英語で行わなくてはならなくなりました。

　そんな状況で、「時間がない」などと言っている暇はありません。まるでサバイバルのごとく、とことん実践に徹した英語学習をみずから探り出すしかなかったのです。

　その甲斐あって、1年後には海外出張に慣れ、簡単な電話会議での議論や会議での発表ができ、5年後には英語でのプレゼンテーションや交渉が不自由なくこなせるようになりました。

　そこで私が使った道具が、1冊のノートでした。

　あるグローバル会議に参加していたときに気づいたのですが、その会議に参加していた人は全員、中国人や韓国人といったアジア各国の人も含めて英語でノートをとっていたのです。
「なぜ私たち日本人だけが英語でノートをとらないのだろう？」
「自分も英語でノートをとってみたらどうなるのだろう？」
　最初はそんな好奇心から始まりました。
　ごく普通の、どこにでもあるノートを使って、英語を身につけたのです。

　言うまでもないことですが、世界はどんどんグローバル化の方向に向かっています。

　日本企業の海外進出、日本国内に数多く存在する外資系企業。

ビジネス面はもちろん、街中を歩いているだけでも外国人を日本国内でよく目にするようになりました。英語は今や仕事を進めるうえで必須条件の1つとなっています。

英語ができないと仕事が進まない。

英語ができないと商談がまとまらない。

最悪の場合、英語ができないと仕事がもらえない。

そんな状況がビジネス界では日々発生しているのです。

こんな状況がいつ自分の身に降り掛かってもおかしくない時代がやってきています。

不安にさせるようなことばかり書いてしまいましたが、これを逆にいうと、英語を身につけるだけで、フィールドが格段に広がることにもなるのです。

グローバルの様々な企業のエグゼクティブに対して思う存分プレゼンテーションをしたり、ディスカッションをしたり、楽しいディナーをしたり。世界中に人脈ができるそんな日々が、あなたにも待っています。

さあ、始めてみましょう。

必要なのは、1冊のノートだけ。

このノートが、あなたの英語スキルも大きな夢も広げてくれます。

Part2 基礎編：
1行から英語の世界を広げる

6ヶ月——さまざまなシーンで話せるように
いざ、海外出張へ
英語ゼロの職業でも、会話力は育つ

Part3 応用編：
あらゆる英語学習を1冊のノートに集約させる

Part5 海外編：
1 行英語ノートが海外出張をサポート

カバーデザイン：藤田知子

カバー画像提供：PROGRAF株式会社　ノート　フリーウィングスリム

Part1 初級編:
英語ノートを
1行から始める

18

ノートをとるだけで、
本当に英語が上達するのか？

　そう思われる方もいるかと思いますが、答えはもちろんイエス。このノート術が一番効率よく英語を習得することができる方法なのです。

「はじめに」で、英語を身につけ、それを仕事で使うには、ノート1冊あればよいとお伝えしました。ここからは、その具体的な実践方法をお伝えします。徐々に英語でノートが書けるようにstep by stepでできるだけ細かく、そして丁寧に、その技術を伝えていきます。

　英語でどうやってノートをとったらよいかわかりますか？　そうなのです。**誰も教えてくれない**のです。英語でノートをとるやり方を説明した書籍や記事は、不思議とほとんどありません。もしかしたら、あまりにも身近な道具で、しかも学生時代にさんざん使ったアイテムだけに、あえて使おうとする人が少ないからかもしれません。ましてや、どんどんアナログからデジタルに移行している時代です。

　ですが、英語習得にこんなに効果がある方法はないと確信しています。しかも、**英語力と同時に、ビジネススキルまでアップできるのが「英語ノート術」**なのです。そこで本書が生まれたというわけです。

　しかも私がおすすめする英語ノート術は「たった1行」から。
　この書籍では「たった1行」から英語でノートを始め、そのう

<u>ち全て英語でノートにまとめられる術</u>をお伝えしていきます。読者のあなたにとって、例えばこんな効果が期待できます。

- 英語学習が習慣化し、楽しく継続できる
- 英語で考え、英語で言いたいことを発信することができる
- 実践で使える生のビジネス英単語を習得することができる
- 英語の会議で、英語のままノートをとることができる
- 海外出張や英語会議の報告が上手になる
- （英語に限らず）ノートのとり方が上手になる
  ※ 英語だけでなく様々なスキルアップができる

　この書籍では英語だけでなく、あなたの仕事力が向上するノート術も伝授しますので、1粒で2つ分おいしいはずです。
　英語は30代からでも十分に身につきます。この書籍を通じて、1人でも多く、グローバルを舞台に活躍できるチャンスができるように応援していきます。

　まずはこのPart1をお読みいただくだけで、ノートを使って英語を学ぶ基礎が身につくような構造になっています。
　まず、ノートの実際の中身をお見せしたあと、そんなノートを職場で活用する「メリット」についてお伝えし、続いて英語ノート術の「大原則」をお話ししていきます。

英語ノートの全体像

　ここで実際に私が作成しているノートの実例をお見せします。まずは全体のポイントのご紹介から。

① 1行でまとめる

　この訓練で、英語がムダなく「簡潔」に話せるようになります。

② わからない単語は後回しに

　わからない単語はそのまま日本語でOK。完璧主義をなくす方法について説明します。

③ よく使う単語を蓄積

　単語帳スペースを活用して実践で使える単語を一気に増やします（単語の蓄積方法と記憶術について説明します）。

④ 矢印で成功思考を手に入れる

とるべきアクション、思考の流れを矢印で簡潔に表します。

⑤ 6桁の日付を入れる

日付とともにシーンを書き、いつでも当時の状態が思い出せるようにするのが目的です。

　大事なのは、英語でノートに書けるようになることだけでなく、聴いた英語を日本語に変換せず英語の語順のまま理解し、会話ができるようになることです。そのゴールをあなたと目指していきます。もちろん、一足飛びにここまでできるようにはなれないでしょう。この書籍では、まずは英語1語から始め、徐々に100%英語を目指します。

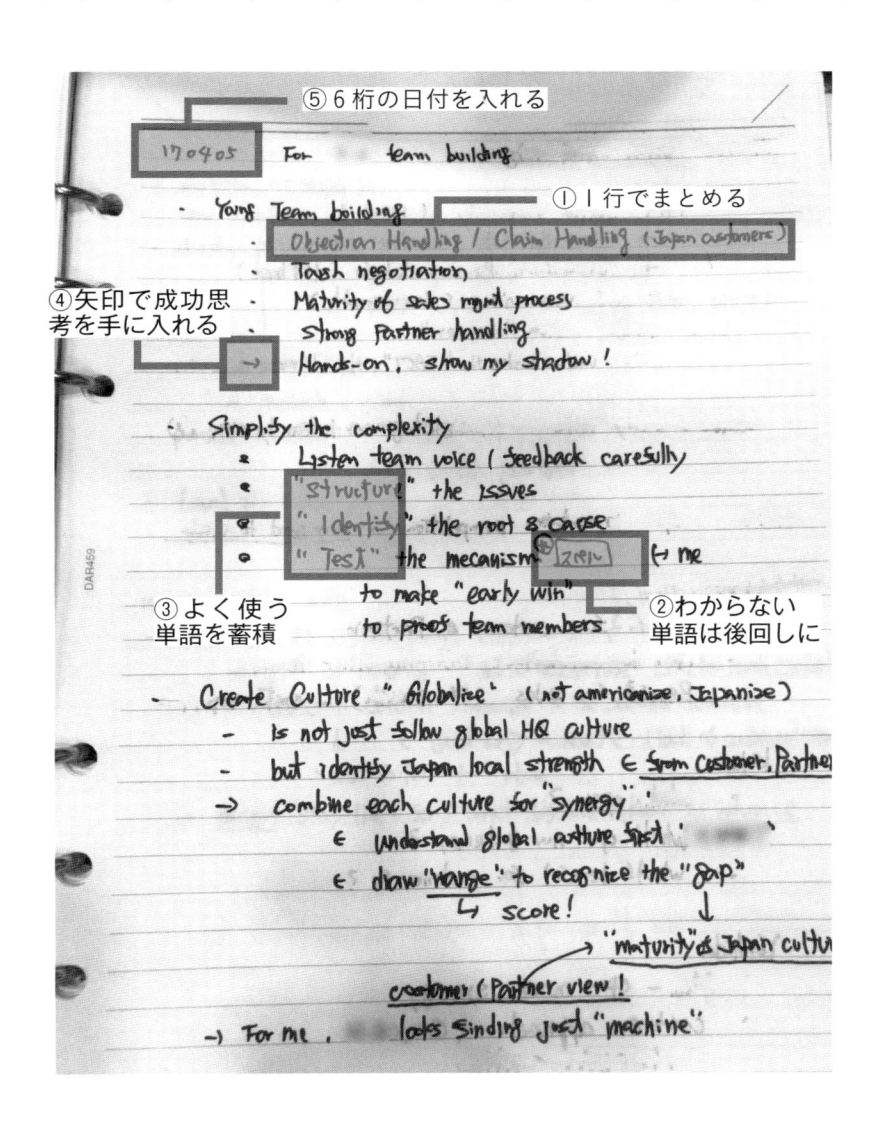

⑤ 6桁の日付を入れる

170405　For　team building

- Young Team building
  ① 1行でまとめる
  - Objection Handling / Claim Handling (Japan customers)
  - Tough negotiation
  - Maturity of sales mgmt process
  - Strong Partner handling
  → Hands-on, show my shadow !

④矢印で成功思考を手に入れる

- Simplify the complexity
  - Listen team voice / feedback carefully
  - "Structure" the issues
  - "Identify" the root 8 cause
  - "Test" the mechanism ⑤スペル ← me
        to make "early win"
        to proof team members

③よく使う単語を蓄積

②わからない単語は後回しに

- Create Culture "Globalize" (not americanize, Japanize)
  - is not just follow global HQ culture
  - but identify Japan local strength ← from Customer, Partner
  → combine each culture for "synergy"
      ← understand global culture first
      ← draw "range" to recognize the "gap"
        └ score!
                          → "maturity" of Japan culture
                                                ↓
  customer / Partner view !
  → For me,　looks finding just "machine"

英語ノート術のメリット

　具体的なノート術に入る前に、このノート術のメリットをお伝えします。それを意識することで、よりノート術の効果が高まるからです。「はじめに」でお話しした、英語学習3つの「ない」を思い出しながら、お読みください。

【メリット1：時間がない中で英語の勉強がラクにできる】

　ノートは日々の仕事の中で大変身近な存在です。

　どんな場面でも、ノートをとっていると「仕事熱心」、「勤勉」といった好印象を相手に与えることができます。

　むしろ社内会議やお客様との打ち合わせでノートを取らない人は「大丈夫？」と思われるくらいです。

　例えば、右図は 社内のある会議 (日本) で、「社内の課題が複雑なので、それをシンプルに整理しよう」というテーマで議論したときのノートの一部です。

　実際の会議は日本語でしたが、英語でノートをとっています。海外での会議だとこのノートに書いている英語が実際にバンバンと飛び交ってきます。

```
- Simplify the complexity
    ● Listen team voice / feedback carefully
    ● "Structure" the issues
    ● "Identify" the root & cause
    ● "Test" the mecanism.⊛ [スペル]   (→ me
                    to make "early win"
                    to proof team members
```

　どんなに退屈で眠たくなる日本での会議であっても、**英語で
ノートをとると決めた瞬間から重要な英語学習の場へと一変しま
す。社内はビジネス英語を勉強するための「材料の宝庫」です。**

　だって、社内用語、仕事の用語がバンバンと飛び交うのですか
ら！

　つまり、英語でノートをとるようになると、**自分に不利な印象
を相手に与えることなく、仕事をしながら実践で使えるビジネス
英語を習得できる**のです。いわば「合理的な内職」です！

　これを全て英語でノートに書けるようになり、そして話せるよ
うになれば、それが即実践できるビジネス英語になるのです。

　例えば、先ほどの例で、ノートに書いている

- **simplify**（シンプルにする）

- **complexity**（複雑性）

- **structure**（構造化する）

- **issue**（課題）

- **identify**（特定する）

- **root & cause**（根本原因）

　これらはいずれも、ビジネスの現場で非常に頻繁に出てくる英単語です。英語でノートにまとめることでこうした言葉がスラスラ口にできるようになります。

　英語を習得するにあたって、社内で無駄な時間は一切なくなってしまうのです。

　例えば、社内の定例会議がつまらないとします。だったらそこでの会話を英語でノートに整理してしまいましょう。

　仕事の時間を無駄にしないだけでなく、ムダなく「 自分の英語の成長材料 」にしてしまう。

　英語でノートをとることによって社内で過ごす時間が大変有意義なものになります。

【メリット２：自分の成長を可視化できる】

　ノートという物理的な「モノ」を使って英語学習をすることで、あなたの**英語力が目に見える形で記録**されます。

　これが単にテキストを読んだりテープに合わせて音読したりするだけの勉強との大きな違いです。英語が苦手でほとんど話せなかった頃のノートも、少し上達した頃のノートも、不自由なく英語が話せるようになった頃のノートも残されるのです。

　この過程は単なる記録ではなく、**あなたの成長の証**でもあります。確かに自分がたどってきた道が目に見えることによって、成長を強く実感できるのです。

　過去のページをめくれば、よりハイレベルな単語がページを占めるようになっていくのが目に見えてわかるはずです。この蓄積こそが、まさに小さな「成功体験」。**自分の成長が可視化される**

ことは学習のモチベーションを高めてくれます。

　はじめは 1 ページにちらほらとしかなかった英単語が、次第にページの大半を埋めるようになり、やがてほぼ 100% が英語で埋め尽くされるようになります。それ以降も、よりハイレベルな単語や、複雑な英語表現が増えていきます。そうした事実を目にするたびに、あなたは自分の成長を感じ、英語がより楽しくなっていくのです。これはノートという実物があるからこそ得られるメリットだといえます。

【メリット３：手を動かすことで記憶定着率がアップ】

　英語ノートによりリアルな実践英語を効率的に記憶することができます。英語でノートを書いている時にわからない単語が出てきたとします。気にしないで OK です。ノートに日本語で書いておき、後で調べます。こうして能動的に調べるというステップを通して、市販の単語集を機械的に暗記するよりも記憶に残りやすくなるのです。

　例えば、p.21 の例で「メカニズム」を英語でどう書くかわからない場合、ひとまず思ったスペルのままノートに書いてみます。これを後で確認して、「mechanism」と確認できれば、「h が抜けていた」ということがわかります。

　困ったことは意識に残ります。そして、困ったことを次に実践してみると記憶に残ります。

「パッと英語が思い浮かばない」ような単語は全部、日本語で書き残しておいて OK です。

　つまり、いきなり全部を英語で書けなくても全然問題なし。

　わかる範囲で英語で書けばよいのです。全部「日本語」でノートに書いておき、後で調べても構いません。実際の英語での会議では、わからない単語を調べている時間なんてありません。わかる範囲で英語を使うしかないのです。いわばゲリラ戦。この方法は、その場面に備えた訓練になります。

　間違いなく言えますが、そこで調べた英単語は仕事で再び使う瞬間が確実に来ます。少なくとも、市販の単語集で広く浅く「暗記」している英単語に比べて。

　つまり**英語ノートにより、あなたの業界、あなたの仕事で、本当に使うビジネスの頻出単語を効率的かつ確実に覚えることができる**のです。

　しかも英語ノートにより、即興で英語に翻訳してノートに記載する癖がつくため、徐々に 英語脳 になり、何でも**即英語でレスポンスできる**ようになります。

【メリット４：すぐにグローバルビジネスの現場で使える】

　普段から仕事の要点を工夫して英語でノートに書いておけば、いざ英語で仕事するときに**カンニングペーパー代わりに使用**することができます。

　例えば、先ほどの例にあげたような社内での課題を海外で議論することになったとします。ノートに蓄積してきた単語はそのまま会議で使えます。

　英語の会議で、いつでもカンニングができるのです！

実はこの話、事実に基づきます。

　私が前職で営業部門から企画部門に移ったとき、ある社内の複雑な課題を整理したのですが、これが各国共通の課題だということでグローバル会議が開催されたのです。私は日本代表で参加したのですが、このときほど、英語でノートをまとめておいてよかったと思ったことはありませんでした。

ノートに蓄積してきた

- 課題のポイントと対策

- 英単語（特に頻出用語）

をそのまま、議論の中で使えたのです。例えば、会議でその話題になったら関連するページをパラパラとチェック。

　そしてそこで使っている英語を活用しながら発言。

　また、ノートに書いている「これだけは話そう」というポイントまで会話が流れていくのを虎視眈々と待ち、そのタイミングですかさず発言。これでポイントが稼げました。

　それまでは、こうした材料に乏しく海外の会議に臨んできたものですから、実践単語が口から出て来ず、フレーズを頭の中で組み立てている間にどんどん話が進行していきました。結果、ほとんど話せずに終わりという悔しい経験をたくさんしたのです。

　発言をしないことでどんどんと参加者からとり残され、「早く会議が終わらないかな？」とそのうち心の中でギブアップ宣言。

　会議後に参加者で会食をするときも、全く存在感がないままに、話しかけもしてもらえません。ポツンと孤立して苦悩の2時間。

　こんな経験を繰り返すと英語がだんだんイヤになります。

　ですが、"カンニングペーパー"で会議を乗り切れた成功体験から、英語で仕事をするのが心から楽しくなりました。そして、自分が想像している以上に英語が一気に話せるようになりました。

　誰もが、強烈な成功体験をしないと大きな成長なんてできません。そして、成功体験をするためには「備え」が必要です。私にとっての「備え」が、この英語ノートでした。

【メリット5：復習に役立てられる】

　こうして蓄積した英語ノートは、単なる学習の記録ではありません。振り返りに活用するとさらに効果が高まる、復習用の教材にもなるのです。

　例えば、これまでノートに書いてきた内容を復習すれば、仕事で頻繁に使う英語表現や英単語を習慣的に記憶できます。このノートでは「1行」の短い英文で学ぶので復習も簡単です。また、英会話学校や英語教材で学んだ内容を「集約」してノートに書き込んでおくことで、苦手な文法や表現方法を集中的に復習できます。また、英語ニュースや仕事のeメールから「使える」と思った英語表現をノートに書き残し、表現力強化に役立てることもできます。

　つまり、ノートにあらゆる英語学習内容を集約的に「一元管理」することで、強化すべき英語表現を「まとめて復習」できるのです。

　英語ノートがあらゆる英語学習の「プラットフォーム」となるのです。

　英語ノートで書いたようなメモだけでなく、日々の学びを1日

1行でまとめていくと、1週間分でこのようになります。

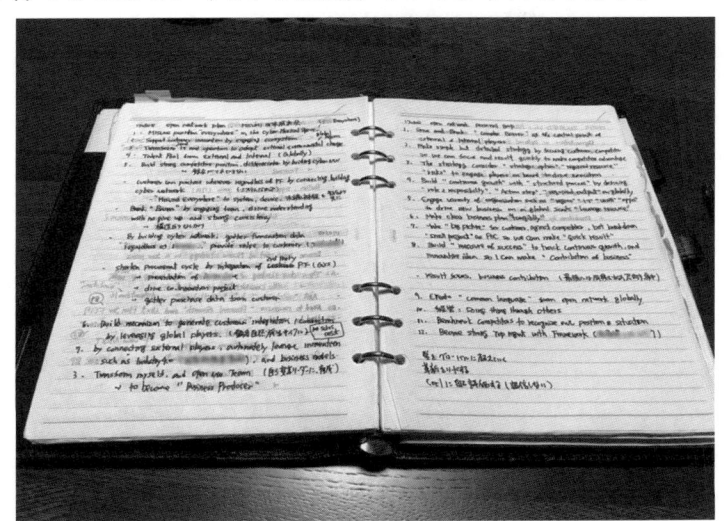

　ここに書いていることは、人から押しつけられたテーマのテキストではありません。自分の生活に即して自分が書いている文章なので「英語を読む」ことに抵抗感がなくなってきます。

　このノートの振り返りにより、英語の雑誌やメールなど、人が作成した英文を読むことにもだんだんと慣れてきます。

　記憶が薄れてきた頃に再度学習することで記憶の定着を高めるのがコツですが、この英語ノート術は、仕事という場に限定しているだけに繰り返し同じ単語やシーンが出てきますから、復習による効果も倍増します。

　圧倒的に身につきやすい、あなた専用の英語テキストができあがるのです。

パーフェクトな英語じゃなくてOK

　このノートを見てください。これは私が英語に取り組み始めた頃のものです。主語も時制も適当、知っている単語の羅列で、前置詞も冠詞も曖昧でした。

```
 060220 sales meeting
 - how to manage "claim" to become good customer?
 - identity fact asap, then take quick action
 -listen customer voice          ┌─to fix the trouble asap
 -engage internal resource to avoid simillar case
```

「ここには a が入るだろう」
「the が抜けてない？」
「customer voice じゃなく、customer's voice なのでは？」

　いくらでもあら探しはできますが、そんなことを本番に頭で考えていたら英語は出てきません。考えているうちに会話がさーっと流れていってしまいます。

　学校の勉強ってこんな感じでしたよね。学ぶことが面倒で続かないし、実践できる気がしません。でも、**こんな 30 点レベルの英語でも、実際のコミュニケーションでは通じてしまう**のです。「完璧な英語が話せないから」と尻込みして発言しないで 0 点をとるよりも、30 点の英語でもいいから伝わることのほうが大事だと思いませんか？

　大人の英語に求められているのは、テストで 100 点をとること

ではありません。コミュニケーションの道具として、相手に言いたいことを伝えられるかどうかなのです。

●インド人だって映画が6割聞き取れない！？

私は仕事では英語を話していますが、今でも仕事以外の飲みの場でのトークになると、うまく英語が出てこないことがたくさんあります。

英語ができる人というと映画のシーンのように、カフェでもオフィスでもどこでも流暢に英語が話せるイメージがあるかもしれませんが、そんな人はビジネスマンの1％にも満たないでしょう。それができる人はおそらく洋画をほぼ100％聞き取れるレベル。

私は洋画を100％聞きとることはできません。が、ネイティブのCEOたちとの商談を難なくこなすことができます。

ちなみに、友人のインド人5人に「映画ってどれくらい聞き取れるの？」と聞くと、インド人ですら「60％くらいかな」と答えるのです。英語が公用語の国でもそれくらい。でも、彼らも私も英語で高度な議論や交渉、あるいはプレゼンができるのです。

仕事以外の飲みトークでは英語が流暢に話せなくても、仕事では全く不自由しないのです。仕事なら仕事、趣味なら趣味と、**英語を使うシーンを絞ってその中で場数を増やすことが英語習得の最短の道**なのです。

最大のコツは、はじめから手広くいかないこと。シーンを絞って外国人と話をしてみると、そのシーンに居合わせた人たちは、「すごい！、○○さん、英語話してる！」と思ってくれます。この積み重ねが、圧倒的な自信につながっていくのです。

●1日でも早く英語を身につけるには？

　私は自分が感じた「英語の重要性」についてありのままの現実を講演会等でお話しする機会があります。

　そこで皆さんが口をそろえて言う言葉。それが「これから英語を勉強します」です。しかし、私の率直な意見は、「これから」英語を勉強するというスタンスでは、もう遅いということです。「これから」、つまり「いつか英語が使えるようになりたい」と思っている限り、英語を使う機会はやってきません。1日でも早く英語を使えるようになって実践の場に立たなければ、ビジネスチャンスを掴むこともできません。

　チャンスは突然やってきます。そのチャンスを逃さないためにも、「いつか英語ができるようになろう」と漠然と考えるのではなく、**期限を決めて今からできることを勉強しておくことが大切**です。この点、もう少し踏み込んでいきます。

●いきなり英語学習にパーフェクトを求めない

　では、具体的にどのようにすれば実践的な英語を習得することができるのでしょうか。

　実践的な英語を習得するために、まずどういった英語力がビジネスの現場で求められているのかについてお話をしていきます。

　日本人は「英語の習得」に関して、パーフェクト（完璧）を求める傾向があります。「文法どおりのパーフェクトで綺麗な英語でないと、口に出して話をするのが恥ずかしい」と思ってしまう人が圧倒的に多いのです。

　しかし、いきなり英語学習にパーフェクトを求めるべきではあ

りません 。

　例えば、「どのレベルまで英語ができるようになりたいの？」と聞くと

「映画を字幕なしで見られるようになりたい！」

「仕事でバリバリ話せるようになりたい！」と言います。

　もちろん、目標は高いほうが良いのは当然です。

　しかし……求めているレベルが一足飛びに高すぎるのです！

　目標が高すぎるから、行動に落とし込まれない。そしてその意識が実際の現場で「完璧主義」を呼び起こしてしまう。

　事実、そんな人（部下）を外国人との会食に連れて行くと、理想は高いにも関わらず、天気や出身地の話題といった初歩的な会話すらできないのです。

●完璧英語を求めると実践で「1分」も話せない

　以前、サンフランシスコのある会社を部下と訪問したときも、まさにそうでした。

　先方の会議室にて名刺交換を済ませ、いよいよ打ち合わせ開始。

　その部下はその会社の担当営業として、流れを仕切らなければなりませんでした。商品説明等の踏み込んだ内容は私や外国人スタッフがする段取りでした。そこで、こんな会話がスタートします。

　部下：Thank you, David-san to give us time today !

　　　　(David さん、今日はお時間いただきありがとうございます!)

　このように会話を切り出したのはよかったのですが、その後の会話が膨らまない。例えば、「本日の打ち合わせの目的は……」「本日のアジェンダは……」などの英語が出てこないのです。沈黙はしばらく続きます。そして上司であった私や外国人スタッフは徐々に焦り始めます。

　結局、横にいた外国人スタッフが沈黙に耐えきれず救いの手を差し伸べます。

スタッフ A : I would like to explain how we can support you in USA.
（私から、弊社北米の支援体制を説明いたします）

スタッフ B : Then, John will explain our new product.
（次に、弊社 John から新商品の説明をいたします）

　その後、60 分に渡るプレゼンと議論の間、部下は一言も発することができませんでした。

部下 : Thank you, David-san today. We are exciting to support you!
（David さん、今日はありがとうございます。私たちはあなたを支援することにエキサイトしています！）

　その部下は話の展開についていけず、発言できたのはこれだけ。結果、60 分のうち 1 分、これが彼のアウトプットでした（しかも、最後の発言は計らずも「私たちは面白い人です」という意味になってしまうというオチまでついてきました！）。

　彼は、日本ではとても優秀で、日本語での仕事の会話ならいくらでも出てきます。でも、英語になるといきなり口ごもってしまうのはなぜか？

　それは優秀であるがゆえに、パーフェクトで綺麗な英語を話そうとしているからです。するときちんと話そうとして英語が出てこないというわけです。しかし、それでは土俵に上がれません。

　まずは、カタコトでも話せないと何も始まりません。そして一言が話せるようになったら二言目、そして三言目と、順に目標のレベルを上げて行くのです。

「文法はちゃんと組み立てないと意味が正確に伝わらない」とか、「正確に単語を使い分けないときちんと相手に話せない」とか、そんなことばかり考えていると英語は口から出てきません。

　多くの英語初心者は、完璧な英語をイメージしすぎです。それでは、試験の合格点（例えるならば80点）に達するまで、いつまでも実践での会話ができません。だから、**いい意味で「適当」になってください**。少なくとも最初は。点数でいうと「30点」くらいで OK なのです。巷には、ちょっとした間違いを取り上げて「ヘンな英語」だと叩く風潮がありますが、気にすることはありません。

　この本で説明する1行英語ノートを始めると、最初はカタコトでも、徐々に次ページのような表現がスラスラと出てくるようになってきます。こうして読めば簡単な英語ですが、本番になるとその雰囲気に飲まれてこの2言目すら出てこないのです。

David-san, we appreciate your time with us today.

(David さん、今日はお時間いただきありがとうございます)

The purpose of today's meeting is to understand your needs.

(今日の打ち合わせの目的は貴社のニーズを理解することです)

So, we would like to discuss 3 points with you today.

(そして、今日は3つの点について議論をしたいと考えています)

#1: Your current issues and what cause.

(1つ目は、貴社の課題やその原因について)

#2: Any solution we can support .

(2つ目は、弊社で支援できる解決策について)

#3: Participants and schedule for the next meeting.

(3つ目は、次の打ち合わせの参加者や予定について)

We have 60 minutes today with the agenda on the screen.

(スクリーンに投影しているアジェンダで今日は 60 分いただきます)

　　一見複雑な長文に見えますが、すべて英語ノート1行の積み重ねでできた文章です。この状態を一歩ずつ目指していきましょう。

●英語を話す楽しさを知ったもの勝ち

　　サンフランシスコでの会議後、お客様と会食をしました。その際、私は「文法とか単語は気にしないで」と日本語で前置きした上で先ほどの部下に話を振りました。

　　すると彼は

" The weather is fine, I am happy." （よい天気でうれしいです）

" I usually go to park, fine day."

（私は普段公園に行きます。よい天気の日には）

"Michel, how about you?"　（ミッシェルはどうですか？）

"It is hot in Japan now."

　　　（日本は今暑いです。※湿気がある =humid が出なくても OK）

"I like summer season."（私は夏が好きです）

こんなカタコトでも、会話は十分に膨らみました。

すると彼はだんだんと調子が上がって私に（日本語で）こう話してきます。「金田さん、そう言えば今朝、ホテルのベッドにチップを置き忘れてしまいました。」

彼は頑張ってこう相手の外国人に話しかけます。

" Oh no, I forgot to put チップ on the bed, my hotel."

ところが、このチップという言葉、正確には「tip（ティップ）」と発音します。

相手の外国人にはこう聞こえました。

" Oh no, I forgot to put chips on the bed, my hotel."

(しまった、ホテルのベッドにポテトチップスを置き忘れてきた！)

最初相手は何を言っているのかわからず "Chips??" と彼に聞いていたのですが、勘が働き "Oh, Tip" とわかり爆笑！　その場は盛り上がりました。

カタコトの英語でも、彼はその会食で大活躍でした。彼にその

後の感想を聞くと、会議での青い顔がウソのように「楽しかった！」と言っていました。なぜなら、その彼を中心に会話が続いたのですから。

そうです。**英語はカタコトでも会話ができると、楽しい**のです。今まであなたの英語の勉強が続かなかったのは、「英語が通じる」という経験ができず、楽しさを感じられなかったからではないでしょうか。「楽しい」と思えなければ、英語は続かないのです。

ちなみにこの場では " Oh no, I didn't leave my tip in the room." が自然な英語でしょう。しかし、そんな風に言わなくても、相手には十分に話が通じます。

学校のテストではないのです。 **気持ちを込めて「聞く・話す」気持ちがあれば、発音や文法の間違いがあっても、相手は「必ず」親身に会話をしてくれます。**

さてここまでが、英語を話すための心構えでした。「パーフェクトじゃなくていい」という一言だけで、とたんに英語が話せるようになる人さえいる、とても重要なメッセージをお伝えしてきたつもりです。

以降のページでは、この「パーフェクトじゃなくていい」を頭に置いたうえで、より英語が上達するメソッドをお伝えしていきます。

ビジネス英語はシーンを「絞って」身につける

「学問に王道なし」とよく言われますが、私は学問には「王道が存在する」と考えています。未来の自分がチャンスを掴むことができるのか、あるいはできないのか。その違いは、**効率がよい王道的な勉強方法を知っているのか、知らないのかの違いだけ**です。

　今回、私が皆さんに「王道的な実践的英語を習得する方法」として「パーフェクトな英語じゃなくていい」の次にお伝えしたいのが、「**シーンを絞る**」ということです。

　私がビジネスの現場で「使える英語」の勉強をスタートしたのは29歳のときでした。英語学習を始める年齢としては、決して早いほうではないでしょう。

　それでも、今では存分に英語を駆使して、外資系企業日本法人社長として、グローバルを舞台に仕事ができるようになっています。

　その一番の秘訣が、「**英語を使うシーンを絞る**」ことだったのです。

　なぜなら、自分が英語を使うシーンを絞れば、**会話の流れを事前に想定でき、必要な単語を最短で身につけられる**からです。

　例えば、2011年3月11日の東日本大震災の際、海外から多くの連絡が入り（当時、原発に敏感なドイツの会社で働いていたこともあり）、その度に被災状況を説明しました。

It's okay. (大丈夫だよ)

I'm worried about food shortages. (食料難が不安だよ)

The members of our company are safe. (会社のメンバーは無事だよ)

It seems that planned blackout starts. (計画停電ってのが始まるらしいよ)

I feel uneasy about the effects of radiation. (放射能の影響が心配されるね)

ただ「食料難」や「放射能」、「停電」や「原発」という言葉は、最初とっさに英語で出てこず、別の言い回しで何とか状況を説明しました。そして、英語ノートに都度、新しい言い回しや覚えたての新しい単語をメモしていきました。**会話すればするほど、自分が使用する「頻出用語」が自然と蓄積されていった**のです。

当時の私はグローバル企業で英語で仕事が十分にできるようになっていましたが、震災のシーンとなると全く別でした。でも当時は、毎日のように震災のシーンに会話が自然と絞られたので、3日もするとペラペラとその英語が話せるようになったのです。

こうして作った震災用語が並ぶ**英語ノートを参照（カンニング）しながら会話を繰り返して**いくうちに「あー、またこの話になるな」「こういう話の流れになるかも」と **話の流れが想定できるようになりました。**

すると、前後の流れからわからない単語や言い回しを連想できるようになるのです。**連想ができるようになるとわからない言い回しがきても、勘が働く**ようになってきます。

●手広く攻めると「想定外」が増えてしまう

　一方、手広く英語を勉強する人は、「浅く広く」になりがちです。

　自分の部下や知人などたくさんこういう人を見てきましたが、実際に外国人との打ち合わせや会食に同行してもらうと、どうしても会話が薄っぺらくなってしまうのです。一言二言話して、それで終わり。会話が膨らみません。

　なぜなら、想定外のシチュエーションが増えることでフォローしなければならない単語が増えて対応できなくなり、英語が話せなくなるからです。それではいつまでたっても成果が出せません。

　あらゆるシーンに対応する英語力をいきなり身につけることはできません。自分が英語を使うシーンを限定してそこで使う単語を身につけることで、そのシーンに限っては「話せる」という状態を作ることが、最速で英語を身につける方法なのです。

●今の仕事の内容を英語で話せるようになろう

　その意味で最適なのが、今の仕事の内容を英語で話すことです。なぜなら、仕事はほぼ毎日触れるテーマだからです。

　例えば、

・自社サービスの提案内容あるいは営業の工夫や苦労話など
・自分が企画する内容あるいは企画の工夫や苦労話など
・経理や法務の専門知識、業務内容など

　もちろん趣味でもかまいません。例えば、ゴルフ、釣り、音楽、料理など。旅行先で外国人と料理について、音楽について、とことん話せるようにシーンを絞るのです。

　ただ、シーンを仕事に絞るメリットは、**1日のうち最も時間を割くテーマ＝より多くの学習時間がとれる**ということに尽きます。仕事をしながら、その時間がそのまま英語学習のチャンスになるのですから、その効果は明白です。

●英語を使うシーンを絞ると自然と語彙が増える

　p.25でも述べましたが、こうして手を動かして身につける英語は暗記する英語よりも頭に残ります。

　まずは、自分がどんな状況（シーン）で英語が話せるようになりたいか？を考えます。

　そして、そのシーンで自分に必要と思われる英単語に的を絞る。

　何度も繰り返し**声に出して練習して自然と口から出てくるようにして**おき、いざ必要な場面に遭遇したら、実際にその言い回しを使ってみる。絞るシーンは挨拶や名刺交換、プレゼンなど何でも構いません。すると、だんだんと英語に対するアレルギーがなくなり、自然と語彙が増えてきます。

　日々の仕事の中で、仕事の内容をノートにとる行為を普段から自然にしているはずです。これを英語に徐々に置き換えていくことで、自然と今の仕事の内容に絞った英語に触れることができます。

　これこそが、まさしく英語の実践の場そのものです。

　英語ノートを活用することで、自然と「的を絞り」、「何度も実践で繰り返して」、英語が習得できるようになるのです。

●シーンを絞ることの効果

あらためてなぜ、会話のシーンを絞るといいのか、考えてみました。

前述のとおり実感できるのが「**スピーキング**」力の向上です。

一般的なネイティブを超える5万語レベルで映画の世界のように話すのは相当レベルの高い領域です。たとえ500語でもシーンを絞って話せば、初心者でもスピーキング力を発揮できます。それに、発言することで相手からのリアクションとしての新しい単語に出会えますよね。これも、表現の幅を広げてくれる重要なファクターです。

次に「**リスニング**」への効果があります。

全員ネイティブかつ各国のなまりがきつい人もいる状況では聞き取りはさらに困難になります。しかし、この問題もシーンを絞ってパターン化することで解決されるのです。

幅広いテーマの会話だと想定外の単語が出てくるので発音の違いを聞き分けるどころではありません。しかし、会議のようにシーンが絞ってあると想像や類推が働くので意味を考えることに力を使わなくて済み、発音のほうが耳にしっかり入ってくるのです。

また、シーンを絞れば、それだけ頻出英語を浴びるように聞くことになります。すると同じ単語をあらゆる場面で聞くことになるから段々と耳に馴染み、アメリカ、イギリス、オーストラリアどの国の発音でもわかるようになります。

つまり、シーンを絞ることによってリスニング力が圧倒的に高まる。これは、実際に私が出張時に強く実感したことでした。

　さらに、「リーディング」力もシーンを絞ることで養えます。

　例えば、英語での会議の後に送られてくる議事録。自分でとったメモに加えて、重要事項をサマリーした文章が送られてくると、自分が会議でリスニングで聞き取ったことがどれだけ正しかったのか、答え合わせのように確認できるのです。すでにその話題は一度経験済みですから、議事録の文章は斜め読みでも意味がつかめます。

　そして、「単語」力も当然アップします。

　会議のたびにわからない単語をメモしておきます。すると、次の会議でもその単語が出てきます。しかも、少し違った言い回しで。つまり会議は、実例を伴った生きた単語集でもあるのです。よく出てくる単語は記憶しないと困る超重要単語です。1回目にはわからなくても繰り返し使われることで完全に頭に入ります。

　こうして、シーンが絞られることで
「スピーキング」「リスニング」「リーディング」「単語」
4点フルセットで、英語力アップが見込めるのです。

　さらには英会話学校や各種の英語教材（文法、発音、英単語）、あるいは英語ニュースや英語雑誌などで学んだ会話表現を英語ノートに「集約」してまとめておくことで、こうした学習投資をムダにせずに英語力強化を図ることができます。

　この詳細は Part3 で説明します。

「一点突破」で単語は派生する！

　私が最初に英語を勉強し始めたのは、29 歳のとき。

　突然翌週に英語を話さなければならない状態になったのがきっかけでした。

　それは、ついこの間まで平社員だった私が副社長補佐に抜擢されたときのこと。ドラマに出てくるような大きなガラス窓のある副社長室を、想像してみてください。

　そんな場所で仕事をしていたある日。

「金田さん、英語話せるよね？ 来週社長に対して営業数字の報告があるんだけど俺、顧客先に行かなきゃいけないから代わりに報告しておいて。」と頼まれました。

　社長はアメリカ人。英語しか話せません。当然、英語で伝えなければなりません。でも、まったく自信はナシ。話をされたのが、水曜日。会議は、翌週月曜の朝 10 時……

　こんなとき、あなただったらどうしますか？ TOEIC の問題集を引っ張り出して解く？ 英単語集を買ってきて、1 冊読み切る？ ビジネス英語の学習テキストを買ってくる？

　私にそんな時間はありませんでした。

　私がとったのは、

・シーンを絞って

・必要になる単語を徹底的に調べる

　という、シンプルな方法でした。

　完璧な英語を目指そうとするとつい幅広くビジネス英語を身につけようと考えてしまいがちです。

　でも、**１つのことができない人が臨機応変にいろんなシーンに対応するなんて、無理**なのです。

　第一、一夜漬けのような期間で過不足ない英語を身につけるなんて不可能です。

　とにかく必要なのは「 一点突破 」。あれもこれもと手広くやろうとするのではなく、１つのシーンに絞る。

　その代わり、**そのシーンだけは徹底的にやり抜く** ことで腹をくくりました。

　まず、報告の場で出てくるであろう言葉に絞り、その単語を自分で調べました。ここで私が使ったのが、以前たまたま参加したグローバル会議で目にした「ノートを使う」という方法です。

　例えば

```
今期の売上予測：◎億円
主要案件：10件
そのうち、確実に取れるのは◎件
```

　こんなふうに、伝えるべきことをまず日本語で書いて、英語でノートに変換していきます。

　会議本番で臨機応変にカッコよくやろうと思っても絶対にうまくいきません。たどたどしくてもいいから、読み上げてでも正確に伝えること。私の場合は、それが精一杯でした。

　ところがこれを毎週の報告で繰り返していくと、単語が自然に「派生」するのです。

　例えば

forecast（予測）

main deal（主要案件）

といったような単語は、営業報告をするシーンでは毎回必ず出てきます。

　つまり、会話がある程度「パターン化」できる。1つのシーンに絞ることで、毎回ゼロから学ぶのではなく単語を再利用できるわけです。

　仕事の場面に絞って英語を学ぶということは、それ自体が「シーンを絞る」ことになっているのです。

　例えば、ノートに

「A社との商談が順調に進行中」

と書くとします。

　英語にすると

deal with A is going well

これでいいのです。

　意外と簡単だな、と思われたのではないでしょうか。

高望みせず、30点の英語でOK。

　実際、洋画の英語字幕を見るとわかるように、ネイティブの日常会話のかなりの部分が、こうしたシンプルな短い英語なのです。

そして、翌週の報告で状況が変化。

例えば、ノートに

「A 社の商談がいったん 保留 になった」

deal with A is pending

と書くとします。

ここで "pending（保留）" のフレーズが「派生」しました。

さらにその翌週、

「A 社の商談状況が 前進 」

made progress the deal A

ここで「前進」という単語も派生しています。

その翌週には、

「A との商談が 成約 」

contracted the deal A　※あるいは「 signed off 」

今度は「成約」という単語が派生。

営業報告のシーンを追い続けるだけで、4 つの新しい単語が「派生」しました。

毎週行われる会議に英語で対応すれば、状況はどんどん変わっていきますから、必要な単語が勝手に広がっていくのです。

自分から単語を広げようとしなくても、1 つのことを追い続けているだけで勝手に単語が「派生」するということ。

1 つのシーンに絞ることで

・繰り返し出てくる単語が確実に定着

・状況のほうが変わるので、自然と使える単語が増えていく

＝派生

　これが、**確実に単語を定着させながら最短距離で「使える単語」を増やしていく超省エネな方法** です。

　私の英語ノート術は、徹底的に「頻度」にこだわっています。
「一点突破」して、その代わり、頻度を徹底的に高める。
　単語の使用頻度が上がるほど、脳の中にはっきりと残ります。
　ベースとなっている体験は他の誰でもない、自分の日常から生まれたものですから、どんな優れた参考書の例文よりも圧倒的に身につくのです。
　同じことを毎週やっていても、状況のほうが勝手に変化してくれるので、そのたびに新しい単語を覚えていけるのです。

●「3ヶ月」で英語習得も可能

　私は実際、この方法で29歳でゼロから英語を身につけました。
　私の経験上、この「一点突破」の勉強法を始めて3ヶ月もすると、その話題に限っては、必要な単語がほとんど身につきます。
　絶対話せるシーンを1つ完成させて、それが徹底的に話せるようになったら、次のシーンに移る。
　これを繰り返すことで使える単語が増え、自然と応用力も高まっていきます。
　でも、もし一点突破に絞らずにあれもこれもと広く浅く取り組んでいたら、とてもじゃないけど追いつきません。

　この話、ギターを弾いたことのある人ならより実感できるかもしれません。

　ギターのコード表を C コードから B コードまで順番に覚えようとしても、全然身につかない。

　でも、「どうしても弾きたい！」と思う 1 曲に絞って、その曲に使われているコードをマスターすれば、はるかに習得が速いですよね。しかも、同じコード進行の曲にも応用が利きます。

　料理でも一緒ですね。牛肉をグリルする料理をマスターすれば、豚肉のグリル料理も以前よりうまく作れるようになります。

　1 つのシーンに絞って「一点突破」することの重要性は、こうした例からも実感していただけると思います。

　もし、英語を使うシーンが日常的にない人でも、大丈夫。

　英語ノートは、そもそも人に見せるためのものではありません。頻繁に遭遇するシーンなら、何をテーマにしたっていいのです。

　報告書の下書き、スポーツの戦績表、子供の成長記録……。

　自分が強い関心を持てて日々変化していく物事なら、英語に限らずなんだって「一点突破」の題材になりえます。

●シーンだけでなく目標も「絞る」

　英語がいつまでたっても話せない原因の 1 つに、目標が大きすぎる、ということが挙げられます。

　目標が大きいのはいいことですが、自分の現実のレベルからあまりに遠い目標では、実現のモチベーションも湧きません。具体的に何をすればよいのかも見えてこないはずです。

　そこで、自分が実現したい大きな目標をイメージしながら、

「まずはレストランで初歩的な会話を1時間できるようになる」

「まずは子供が見るような映画を字幕なしでなんとなくわかるようになる」

「まずはカタコトでも会社紹介を10分で説明できるようになる」

といった<u>レベルを落とした目標にすることで、実践を伴いながら、実現可能な道が見えてきます</u>。

つまりとことん目標を絞ることが英語習得の近道なのです。

その上で、目標達成の期限を設定することも重要です。ちなみに私の最初の目標は「営業会議で売上予測だけは話せるようになる」、「これを3ヶ月以内に達成する」の2点でした。

例えば、営業担当の人だったら「3ヶ月以内に、20分程度の会社紹介ができ10分程度のQ&Aに答えられるようになる」など、そうしたシーンに備えて必要と思われる単語を集中して覚える方法をとってみましょう。そしてそのシーンがきたらカタコトでも話すのです。

現在、あなたが普段書き込むノートは日本語で埋めつくされているでしょう。

まずは、気になるワンフレーズだけ英語でノートにサラッと書き込んでみる。それだけでもカッコよくないですか？（ぜひカッコつけてみてください！）

最初は1日ワンフレーズだけでもいいのです。例えば会議中、商談中などのあるシーンに絞って、あなたの気が向いたときだけでかまいません。それくらいのレベル感で始めれば、気楽に続け

られるはずです。

　そのペースを徐々に上げていき、ノートに書く英語のワンフレーズを増やしていく。こうして徐々に日本語で埋め尽くされていたノートが英語に変わっていくさまが、目に見えてわかってきます。この小さな努力の積み重ねで、あなたが想像する以上に英語力が飛躍的に向上するのです。

　次章では、あなたのワンフレーズを進化させる、日常のメモを英語化する方法を紹介します。

Part2 基礎編：
1行から
英語の世界を広げる

英語メモで自然と毎日が英語学習に！

　英語ノートの基礎として、私が実践して英語を身につけた「**日常のメモを英語化する**」方法をご紹介します。

　あなたが仕事で書いているメモを英語で書くことが、学習時間捻出＆復習の最適な方法なのです。

　本書の英語学習法としてノートを使うのは、ノートが「日常的に持ち歩いているもの」だからです。

　はじめにで、3つの「ない」（時間がない・実践の場がない・続かない）について述べました。

　日常のメモを英語化することは、あなたが普段ごく普通にとっているメモを、可能な範囲で英語に置き換えるということです。

　例えば、以下のような内容です。

・meet with Tanaka-san at 13:00
　　（13時に田中さんと会う）
・send meeting minutes to Yamaguchi-san by Friday
　（金曜までに議事録を山口さんにメールする）
・submit the document to Yamamoto-san within this week
　　（今週中に書類を山本さんに提出する）

　あなたが日常ノートを使う機会の多くは、おそらくこういった「TO DO リスト」を書くタイミングではないでしょうか。

　職業や環境を問わず、仕事で使っている手帳やノート、あるいは日常生活で使うメモ帳に、こういった「短い文章」が並んでいるはずです。

　つまり逆に言えば、**こうした日常的なメモを、すべて英語で書くようにすれば、その時間がすべて「英語の勉強」に変えられる**というわけです。わざわざ英語の学習時間を捻出するのではなく、日常の行為を英語に置き換えるだけだから、無理なく英語の学習時間を生み出せるのです。

● 文法は後回しでOK

　英語学習をするときにネックになりがちなのが、「文法」です。ノートだけで本当に英語が身につくのか？ と疑問を抱く大きな点がここだと思います。

　- この動詞は過去形にしたほうがいいのか？
　- 時間を表す単語の前に使うのは「in」か「at」か？
　- この単語の前に「the」を入れたほうがいいのか？

　そういう細かい文法が気になって、必要以上に英語を難しく感じている方も多いはずです。

　もちろん最低限の文法知識がなければ英語が書けませんが、それを気にするあまり英語の勉強が続かなくなっているのであれば、文法の悩みはいったん脇においておきましょう。

　本書では、「SVOC」といった文法知識がなくても、英語を身につけていける方法をお伝えします。

　学生時代に英語が得意だった人や、高校〜大学の受験勉強など
でひと通り英語を学んできた人であれば、主語のあとに動詞がく
る、といった最低限の文法がすでに身についているはず。

　そういう方は、お金を払って勉強しなくても、その知識だけで
十分です。

　私は現在毎月海外出張をしていますが、出張先でネイティブが
使っている英語は、新聞に載るような難しい言い回しや正しい文
法を使った文章ではありません。その会話を分解すれば、簡単な
短い文章をつなげたものであることが多いのです。

●文法よりも、単語を優先

　文法にまったく自信がない人の場合は、英会話スクールや文法
書などを使って学ぶのはもちろん有効です。でも、たいていは学
生時代に習った内容を、テキストでなぞるだけ。これでは、苦手
意識がさらに上塗りされてしまいます。

　英語学習を続けるために必要なのは、「できる」という成功体
験です。達成感がなければ、続きません。

　まずは1語からでいいので単語を英語に置き換えることを提唱
しているのは、最も簡単に「達成感」を味わうことができるから
でもあります。

　全く文法を気にしなくても、単語さえ覚えておけば、羅列だけ
でどうにか通じます。

　それは、日本語で考えてみてもわかります。

　道を歩いているとき、外国の人に「東京駅」「どこ」と2つの単語で聞いてもらえれば、言いたいことがわかりますよね。「東京駅に行きたいのですが、道はこっちで合っていますか」と流暢な日本語で話してもらわなくても十分。

　このノート術は、それと同じです。まずは単語1語から始めて、積み重ねることでレベルアップしていけばよいのです。

● 発音を気にしすぎない

「英語はある程度読めるけれど、英会話はできない」という日本人は大勢います。英会話の妨げになっている原因の1つは、「ネイティブのような発音ができないこと」という人は少なくありません。

　ですが、このこだわりも捨ててしまいましょう。

　なぜならビジネスの現場でさえ、私たちが思う「正しい発音」をしている人の割合は決して多くないからです。

　私は海外出張で、イギリス人やアメリカ人といった英語のネイティブスピーカーと話す機会がたくさんありますが、それと同じくらい、ノンネイティブと話す機会も多くあります。

　グローバル化が進むビジネスの世界では、「英語＝アメリカ」の先入観はなくし、「英語＝世界の共通言語」と考えることが重要です。中国やドイツのように英語が公用語ではない国のほか、インドやシンガポールのように、公用語ではあっても独特の発音をする国から来たビジネスマンと会話をする機会はますます増えていくでしょう。

私が会話をする人の多くは、企業の CEO などいわゆるエリート層で、その人次第で何十億といったお金が動くような場面に居合わせることもしばしばです。

でも彼らの英語は、必ずしもイギリス人やアメリカ人のような滑らかな発音ではありません。

中国人やドイツ人の英語には、日本人と同じように母国語に近いなまりがあるのが普通です。インド人やシンガポール人は英語が公用語なだけに、相手がイギリス人やアメリカ人であっても、普段のややクセのある発音を変えることなく、そのまま話す人が多数派です。

つまり、**国の数だけ発音があるのが当たり前**なんです。

私が今まで海外でビジネスをしてきた経験からいうと、約 6 割のノンネイティブは、決して発音がいいタイプではありませんでした。

現に私も、どちらかというと発音には未だに自信がないほうです（発音専門のスクールに通うことを考えているくらい、といえばそのレベルが伝わるでしょうか）。

ですが、1 対 1 の商談や、複数の人が集う会議でもまったく支障はなく、数々の商談を成立させています。

つまり、**発音の良し悪しを気にして話せないくらいなら、いったん発音のことは忘れてしまってよいのです**。それでも十分に、海外での対等な英会話は可能です。

1行の TO DO リストから始める英語学習

　それではここから具体的に、「日常のメモを英語化」する方法をお伝えしていきます。

　メモの内容はなんでもよいのですが、まず取り組むのに最適な題材として「TO DO リスト」をおすすめします。

　なぜなら、TO DO リストはほぼ毎日書くものであるうえに、文章が1行程度の短いものだからです。いきなり長文を英語で表現しようとするとハードルが高くなりますが、TO DO リストレベルの文章なら、最低1語、長くても10語程度の文章で済みます。挫折せずに続けられる分量で、かつ毎日取り組めるから学習が続けやすいのです。

　毎朝書き出す TO DO リストや、仕事中に発生したタスクを箇条書きにする際に、今まで使っていた日本語を徐々に英語に移行していきましょう。

　そのポイントは、以下の3つです。

1) わかる単語だけ英語にする

　例えば、

　　5時に渋谷で田中さんと会う

というメモを英語化するとします。

　この日本語を意味のまとまりごとに区切ると

　　5時に／渋谷で／田中さんと／会う

となります。

このすべてを一気に英語にできればパーフェクトですが、はじめのうちは、わかる単語だけでかまいません。1語だけでもいいので、英単語に置き換えていきましょう。

英語がパッと浮かばない単語は、日本語で書きます。

やってみると、**意外と英語化できる単語が多い**ことに気づくはずです。

例えば「会議」（meeting）や「報告する」（report）といった単語は、特に英語が得意でない人でも身についていることがほとんどですし、「書類」（document）といった単語も、カタカナ英語として身近です。

「わかる単語だけ」でいい理由は、それが**最も労力をかけずに英語を使う方法**だからです。

辞書を使えば、おそらくたいていの日本語はなんとか英語に訳せるはずですが、それでは労力がかかりすぎてしまいます。普段日本語でメモをとるときと同じ程度の時間で、まずは辞書を使わずパッと英語にできるものだけ英語化することが、無理なく学習を続ける最大のコツです。

2) 主語は省略する

学校で習う英文は、基本的に「私」（I）などの主語から文が始まりますが、TO DO リストの主語は常に自分ですよね。

だから、主語は省略します。

日本語のメモでも、「私は5時に渋谷で田中さんと会う」とは書かず、「私」は省略しますよね。それと同様です。

できる限り「省エネ」の英語を心掛けましょう。

3) 行動＋対象＋詳細の順に並べる

「文法は後回しで OK」とお伝えしましたが、英語が苦手な方にも最低限意識してほしいのが、

行動＋対象＋詳細

の順番に単語を並べるということです。「S（主語）＋ V（動詞）＋ O（目的語）＋ C（補語）」「前置詞」といった文法用語に苦手意識のある人でも、この 3 つの順番に英単語を並べれば、8 割方の英文の基本構造をカバーできます。

例えば

5 時に／渋谷で／田中さんと／会う

という文章の場合、「行動」を表すのは「会う」という単語です。「田中さんと」は、「会う」という行動の「対象」を示す言葉で、「5時に」「渋谷で」は、「会う」という行動の「詳細」を示す言葉です。こういった**詳細を表すフレーズは、最後に**くっつけます。

　ちなみに「行動」を表す言葉から英語化する理由は、こうした英語の文法に則っているだけでなく、「行動」を表す英単語（いわゆる"動詞"）は比較的数が少ないうえに、1 つ覚えることで表現の幅が広がるからです。つまり、**動詞は学習の量に対して効果が高い「コスパのいい」英単語**だといえます。

　以上 3 つのポイントを踏まえてメモを英語化すると、以下のよ

うな文章になります。

```
5 時に渋谷で田中さんと meet
                    (行動)
↓
  meet  Mr.Tanaka  渋谷で 5 時に
 (行動) + (対象)
                    ↓
  meet  Mr.Tanaka  at Shibuya  5 時に
 (行動) + (対象) + (詳細)
```

　このように、自分のレベルに応じて可能な範囲で英語化していき、最終的には

```
  meet  Mr.Tanaka  at Shibuya  at 5 o'clock
 (行動) + (対象) + (詳細) + (詳細)
```

という英文が完成できることを目指します。

4) カタカナ英語や曖昧な綴りでもOK

　英語を書くときに、綴りに自信がない単語に遭遇することがあるはずです。そんなときは、ひとまずカタカナで書いてもかまいません。

　例えば

```
5 時に渋谷で 田中さんに ミート
```

といった具合です。

63

また、綴りがおぼろげにわかるものの、合っているか自信がなかったとします。そうした場合はその単語を○で囲み、「？」を書き添えます。

(meat?) Mr.Tanaka at Shibuya at 5 o'clock

その単語は後から辞書で調べ、正確な綴りに直します。

このノートを人に見られたら恥ずかしく思うかもしれませんが、基本的にはあなただけが見るものです。「会う」と日本語で書くよりも、カタカナ英語や、誤っていても近い綴りを書くほうが、ずっと「使える英語」に近づきます。

5）わからなかった単語を調べる

ここまでのステップを繰り返すだけでもかなり英語に触れる時間を増やすことができますが、**わからなかった部分を後から調べて英文を完成させることで、さらに英語のスキルがアップ**します。
　同じ単語を市販のテキストや英会話スクールで受け身で学ぶのと異なり、**自分で調べる（しかも自分の日常に深く結びついた単語を）ことで、単語の定着率に圧倒的な差が生まれる**のです。

例えば

meet Mr.Tanaka at Shibuya 5 時に

ここまでは即興で書けたとします。その後、辞書などを使って、わからなかった部分を穴埋めしましょう。

```
meet Mr.Tanaka at Shibuya  5時に
                        → at 5 o'clock
```

　このように、元々書いていた日本語は残しつつ、調べた単語を書き入れます。

　綴りがわからず「?」を添えた場合や、カタカナ英語を書いた場合も同じです。

　元の日本語を残しておく理由は、後からあなたがノートを振り返ったときに、あなたの成長の跡が見えるからです。

　英語ノートを始めた頃は、書かれている単語の90%が日本語で、英語は10%にすぎないかもしれません。それが徐々に20%、30%と英語が増えていき、半年も続ける頃にはほとんどの単語が英語になっている、という具合に、あなたの成長を英単語の数が如実に教えてくれます。

　その達成感は、**あなたの英語学習へのモチベーションを高める何よりの宝**です。つい過去の誤りを修正テープなどで消したくなってしまうかもしれませんが、消さずに残しておきましょう!

辞書アプリも活用しよう

　英単語を調べるときには、スマホの辞書アプリがベストです。紙の辞書や電子辞書を愛用している方にも、「いつも身近に持ち歩ける」という点から、スマホアプリを併用することをおすすめします。

　メモをとるのは仕事中でも周囲に気兼ねなく行えますが、仕事中に辞書を出して英単語を調べることができる環境は限られてい

ます。そのため、通勤時やランチタイムなどのスキマ時間に使い
やすいスマホアプリをぜひ活用しましょう。

　自宅に帰ってから、あるいは休日にまとめて調べようと思って
も、なかなか続かないものです。できるだけ省エネで取り組むた
めにも、スマホアプリはぜひとり入れてほしいツールです。

＜おすすめの辞書アプリ＞

　私は普段「ウィズダム英和・和英辞典」
（https://itunes.apple.com/jp/app/id586803362）を利用しています。

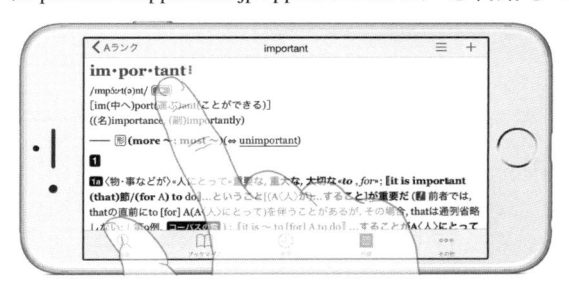

（画像は物書堂 https://www.monokakido.jp/ より）

　その理由は、他の英語辞書アプリが 5000 円〜 8000 円ほどする
のに対し約 3000 円と低価格なのにもかかわらず、ビジネスで使
える語彙が豊富に入っているからです。翻訳家や研究者を目指す
方ならともかく、仕事や旅行、趣味で英会話にトライする人にとっ
て、まったく不足なく使用が可能です。

　ほかには「英辞郎 on the Web」（https://eowp.alc.co.jp/info/app/）もよ
く使います。Google のような検索窓に単語を打ち込む方式なの

で使いやすく、「オックスフォード英英辞典」と比較しても使いやすい語彙が豊富です。

6) 完成した英文を音読する

「英語ができるようになりたい」と考えているあなたは、おそらく単に英語が読めるようになりたいのではなく、「英語で会話ができるようになりたい」のではないでしょうか。

つまり、いくら英語を文字で書けるようになっても、**口に出して表現できなければ目的を達成できない**という方がほとんどのはずです。

そこでぜひ、**日本語を文字で英語化するだけでなく、完成した英文を口に出して読み上げる音読もセットで**おこなってください。

近年の辞書アプリのほとんどは、発音記号が書かれているだけでなく、実際に音声で発音する機能がついています。ここまで行えば、海外出張や海外旅行などで、即使える英語になります。文字で書くだけでも記憶に残りますが、声に出すことで、より定着率が高まるというメリットもあります。

7) 単語帳スペースを作る

余裕があったらぜひ取り組みたいのが、「単語帳スペース」の

作成です。

　この英語ノート術を長く続けていくと、新しく学んだ単語がどんどん増えていきます。そうした単語が埋もれないように抜き書きしておくためのスペースが「単語帳スペース」です。

　今までのノート術では**わからない単語があったら印をつけておき、後から調べて記入する**という方法をお伝えしてきました。

　これだけだと、英語ノートの中に単語が埋もれてしまうのでパッと出てこなかった単語がどれなのか、一目ではわかりにくいですよね。

　そこで、こうした英単語を一覧するためのツールが必要になります。

　学生時代に使っていたような紙の単語帳や、スマホに入っている単語帳アプリを使ってもよいのですが、このノート術でおすすめしたいのは、**いつも使っているノートの下部に「単語帳スペース」を作ること**です。

　こうすれば、ノートをパラパラとめくるだけで、自分が新たに学んだ単語を一覧できます。

　単語が一度では覚えられず、同じ単語が何回も登場することもあるかもしれません。でもそれを繰り返していくことで、その単語が徐々に身についていきます。

　繰り返しになりますが、**英語ノートのメリットは毎日のメモをそのまま英語にシフトするだけなので「勉強する時間がない」という状況をなくせること**。そして目に見える形で記録を続けてい

くことで、あとから振り返ったときに、成長が目に見えてわかるというところにあります。

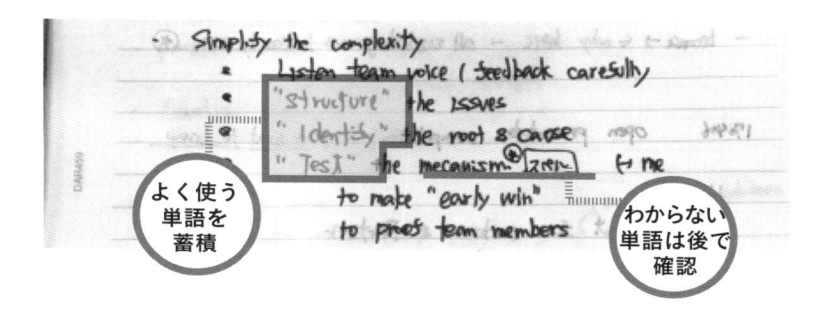

よく使う単語を蓄積

わからない単語は後で確認

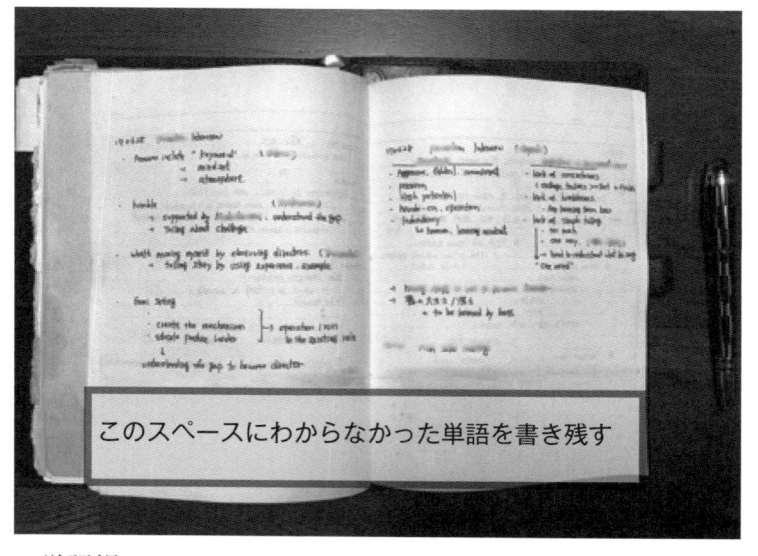

このスペースにわからなかった単語を書き残す

単語帳スペースのメリットは、大きく分けて2つあります。

【① 1つのアイテムに集約すればいつでも復習ができる】

　単語帳を別に作ると、いざというときにその単語帳が手元にないという事態も起こり得ます。でも、**いつも使うノートが単語帳を兼ねて**いれば、その心配がありません。また、前述したように**マンネリ会議の合間に「内職」することもできて**一石二鳥です！スマホを開くのがためらわれる会議でも、ノートなら堂々と開いていられますから。

【②シーンと共に振り返ることで単語の定着率がアップ】

　単語帳をノートと別にしない最大のメリットは、ノートに単語に関連するシーンが書いてあるので、**後から振り返ったときそのシーンを思い出しながらイメージごと鮮烈に頭に叩き込める**ということです。

　売られている英語学習書の例文だといまいちイメージが湧かない、ということもありますが、自分の実際の経験が例文になっていれば具体的なイメージとともに単語を脳に焼きつけることができます。p.20で説明した6桁の日付も、記憶を呼び起こすのに役立ちます。

　まとめると
①日本語でとりあえず書く
②印をつけて後から英単語を調べる
　今までお伝えしてきたこの流れに加えて
③ノート下部に単語帳スペースをプラス
　このステップを加えるだけで、より効率よく「使える」単語が増やせるということです。

●苦手な単語には何度でもトライ

例えば、重要な会議や打ち合わせが延期になったとき「postpone」（延期）という単語がパッと浮かばず、後から調べたとしましょう。

まず、ノートに

（延期）

→ postpone

と書きます。

そのあと、

ノートの下の単語帳スペースに

postpone　（延期）

と書き加えます。

その翌週、またほかの打ち合わせが延期になったとしましょう。そこで、「延期」を英語で書こうとしたらまたパッと出てこなかったとします。

そこでまた、その日のページの単語帳スペースに

postpone　（延期）

と書き込みます。

ここで完璧に記憶したつもりだったのに、1か月後、同じようなシーンに遭遇したときまた単語が出てこなかった……ということがあるかもしれません。

でも、気にする必要はありません。くじけず、単語帳スペースにまた書き込めばいいのです。

　状況がちょっとずつ変わることで例文のバリエーションも増えていきます。

　つまり、**苦手な単語に対して、それを覚えるための例文もどんどん増えていく**のです。覚えられない単語が勝手に補強されていくといってもよいでしょう。これを繰り返せば必ず、その単語も覚えられます。

　後からこのノートを振り返ったとき**こうやって何度も登場する単語は自分にとって特に「出現頻度が高い」重要な単語**です。ノートによって目に見える文字として残しておくことで弱点を洗い出すことにもつながります。

　巻末に、私がよくビジネスで使う頻出単語を掲載しましたので、参考にしてください。

　私の場合、日常の業務で使う単語に関しては現在ほとんど調べなくても使えるようになっています。ノート下部に設けた単語帳スペースが、ほぼ真っ白な状態です。

　でも、レストランでの会話や映画を見ていて遭遇するような単語はまだまだ身についていないものがたくさんあります。今でも、日々新規で単語帳スペースに書き込んで覚えている最中です。

　みなさんも、仕事で使う単語なら「一点突破」と「単語帳スペース」の活用を繰り返して新しい単語を増やしていけば、ほとんどの単語は3ヶ月ほど続ければ後から調べて書くことがなくなってくると思います。

　これを1年続けたら、相当な力と単語の蓄積で自信になるはず

72

です。

　論理的にカウントしてみましょう。

　1 日に 3 つわからない単語があって調べたとすると、**1 年間で 約 1000 単語**になります。1 日 10 単語だと **1 年間で約 3700 単 語**です。

　これが、毎日の業務メモを英語に置き換えるという普段の業務 の中で覚えられるのです。収録単語数が何千語もある単語帳に単 語数では及ばないでしょう。その代わり、**こうして身につけた頻 出単語は自分の一生モノ**です。

　この先いつ出会うかわからない数千語の単語をやみくもに覚え ようとするより、遥かに実践力が高いことは明白です。

　はじめのうちは、新しく学んだ単語が多すぎて、わざわざ転記 するのが面倒に感じるかもしれません。その場合は、無理に単語 帳スペースに転記しなくてもかまいません。

　英語スキルがアップするにつれ、調べないとわからない単語は どんどん減っていきます。自分が面倒に感じないペースをつかめ たら、ぜひチャレンジしてみましょう。特にこの英語ノート術を 長く続ければ続けるほど、この単語帳スペースが有意義なものに なっていきます。

　ここまでにご紹介した「日常のメモを英語化する」を繰り返す だけで、あなたの英語スキルはどんどん上がっていきます。実は、

<u>本書で紹介する英語学習法の8割は、この「日常のメモを英語化する」を続けるだけでカバーできる</u>のです。

　基本的に、あなたが仕事でやっていることは、日々更新される TO DO リストに書かれていることの連続です。

　つまり、TO DO リストを英語で書き続けることによって、日常的に起こる出来事のほとんどを、英語で表現できるようになるのです。

　自分で調べて英語化していくので、文法の細かな誤りはあるかもしれません。ですが、TO DO リストに出てくる言い回しは、あなたがこの先も何度も遭遇するシーンです。あなたのレベルがアップしていくうちに、誤りに気づいたらそこでまた修正すればいいのです。

　誤りを恐れて1日に一度も英語に触れない人と比べて、どちらが早く英語を身につけられるのか？

　その答えは、1週間後、1ヶ月後のあなたの英語ノートの変化が教えてくれるはずです。

74

５つのシーンに絞って英語メモ

「日常のメモを英語化する」というレッスンを、シーンを変えて繰り返すことで、英語力はさらに高まります。TO DO リストがほぼ英語でこなせるようになったら、次のシーンでもまた同じようにノートを使ってメモを繰り返すのです。そのシーンも同様に、**日常的に遭遇することの多いシーンから取り組むのが効果的**です。TO DO リストで覚えた単語を会議で使い回し、さらに新しい単語に出会うというサイクルで、どんどんあなたの日常で接する場面を英語で表現できるようになっていきます。

　さきほどの TO DO リストも含め、以下の５項目が特におすすめです。この５つで、仕事で発生する主なシーンをカバーしています。上から下に進むに従って、自分の考えを発信できる度合いが高まる項目をリストアップしました。どこからトライしてもかまいませんが、以下の順番で取り組むことで、より自分の考えを英語で発信する能力が高まっていきます。

1. TO DO リスト
2. 会議
3. 打ち合わせ
4. 研修・セミナー
5. アイディアを書き留める

1) TO DOリスト

　電話、メール、上司への報告、時間や日程の書き方など、ビジネス英語の基本的な項目をカバーできる項目です。繰り返し出てくる単語が多いため復習効果が高くなります。専門的な単語が比較的少なく、英語初心者にも取り組みやすいのがメリットです。

2) 会議

　TO DOリストの作成に比べ、長時間に渡り会話が続くシーンです。それだけに、ポイントを絞ってメモをとる必要が生じます。基本的に、普段日本語でメモをとるときと同じ方法でかまいませんが、主に以下の3点に注意して英語でメモをとると効果的です。

・自分が発言する内容を事前にまとめておく
・要点を3つにまとめる
・その後とるべきアクションを書く

　メリットは、単に会議のメモを英語化するだけでなく、発言を事前にまとめておくことで、論点がブレずに会議を進められる点です。会議の要点にはその後も頻出する重要なビジネス単語が並ぶため、語彙を増やす方法として非常に有効です。

　TO DOリストを英語で書けるようになった人であれば、おそらく2割程度のメモは英語で書けるはずです。繰り返すことで、英語の比率を高めていきましょう。

　なお、要点を「3つ」にまとめる理由は、あまりに要点が多いと、うまくインプットされないからです。はじめは3つに絞るのが難しくても、意識することで徐々にまとめる力がついてきます。

3) 打ち合わせ

　会話の相手が社内から社外の人物に変わるだけで、メモをとるときの注意点は基本的に会議と同じです。主なトピックは、顧客からの要望、課題の整理、次回以降提案すべきことなど。

　使う単語は社内の会議に比べ、グンとバリエーションが増えますし、決まった人物が発言しがちな社内会議に比べて自分が発言する機会が多くなるため、**リアルな会話により近い単語**が蓄積されていくはずです。こうした単語は、海外出張時の商談等への直接の備えにもなります。

4) 研修・セミナー

　日常業務である会議や打ち合わせとは、扱うテーマも話す人物も違うので、未知の単語が格段に増えるのがメリットです。メモのポイントは、以下の2つ。
・要点を3つ以内にまとめる
・自分が得た学びを3つ以内にまとめる

　単に要点をまとめるだけでなく、自分が得た学びを加えることで、自分の意見をアウトプットする非常によい練習になります。受け身で得た単語だけでなく、頭の中で考えたことを英語化する訓練になるため、これを継続することで実際の英会話において自分から発言する力を養っていくことができます。

5) アイディアを書き留める

　1)～4)までの項目と違って、完全に自分発信型のメモです。

ここまでに蓄積してきた単語で、あなたは日常の仕事のやりとりがかなり英語で表現できるようになってきているはずです。最後の仕上げとして、自分の頭の中にあることを英語で吐き出す練習をしましょう。

　といっても、やり方は今までと同じです。パッと頭に浮かぶ部分だけ英語にして、あとは日本語で今までと同じようにメモを取ればよいのです。仕事中に浮かんだ企画案や、通勤途中でひらめいた問題解決のヒント、休日に思いついた、休暇中にやってみたいこと。
　仕事やセミナーのようにある程度受け身の状態と違って、アイディアのメモなら思ったことをそのまま表現する力につながります。いざというときにパッと英語が出て来ないことがよくありますが、このように頭の中にあることを英語に置き換えていくうちに、パッと口をついて言葉が出るようになっていきます。

　あらゆることを漠然と英語で言えるようになろう、と考えるのではなく、まずはこの5シーンだけに絞りましょう。
　1)〜5)と順を追うにしたがって、語彙が広がり、自分から発信する力がより高まっていく5シーンです。
　もちろん、できる人はどんどんいろんな場面でチャレンジしましょう。読んだ本や観た映画の感想、新聞を読んで印象に残った出来事やフレーズなど、あらゆるメモにおいて効果があります。とにかくあなたが頻繁に遭遇するシーンであることが重要です。

1 語から徐々に英語を増やしていく

　今まで繰り返し「パーフェクトな英語じゃなくていい」とお伝えしていますが、こんな方法で、本当に英語が使えるようになるのかな？と不安になる方もいるかもしれません。

　でも、私自身も、最初から英語で 1 行ノートが書けたわけではないのです。英語混じりの日本語に、ところどころ英単語が混ざっている感じです。

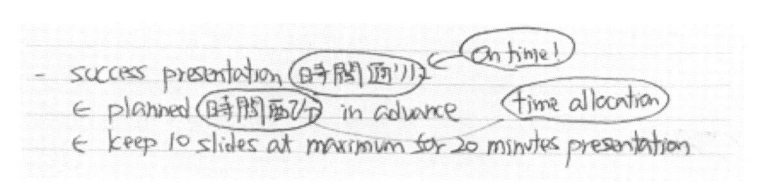

　そこからスタートして、今では仕事で使うノートのすべてを英語で書けるようになりました。

　はじめから 1 行まるまる英語で考えようとしてもなかなか英文は出てこないものです。

　でも、単語レベルならテストの穴埋め問題のような感覚で日本語を英語に置き換えられます。

　日本語の 1 行で英文に置き換えると、たいてい 10 単語以内に収まります。

　まずは 1 文につき、1 個英単語を埋めるところからスタート。ノート術を始めた 2 週間目には、英単語を 2 つ。3 週間目は、英単語を 3 つ。

この積み重ねで、最終的に 10 ワード全部英語で書けるようになればいいのです。

```
-success presentation on time
← plannned time allocation in advance
← keep 10 slides at maximum for 20minutes presentation
```

ノートのページをめくるたび、はじめは 1 文につき 1 つの英単語しか出てこなかったのに、週を追うごとに、使える単語が増えているのが目でも実感できるはずです。

昨日わからなかった単語が、今日は書けるようになっている。

先週覚えた言い回しが今週はパッと頭に浮かんだ。

継続するうちに、確実に一歩一歩成長していくのです。これなら、自分にもできる気がしませんか?

しかもこれは、小さな「成功体験」です。

「小さな成功体験」を積み重ねると、「楽しい」。「楽しい」から、「続けられる」。「続けられる」から「定着する」。こうしたよい循環が生まれることが、「英語力を一気に高める秘訣」です。

例えば、次の日本語文をわかる部分だけ英語にしてみましょう。

「報告の際は、必ず次のアクションを説明する」

難しい言葉を使おうとしなくて OK。知っている単語だけできっと 1、2 単語は埋まると思います。

「説明する」って何だっけ? 「explain」か。

「次のアクション」は「next action」かな?

こんな感じで、日本語文の下に、英単語を加えていけば OK で

す。

　仮に「報告」の英単語が思い浮かばなかった場合、「報告」という日本語に○をつけておいて、後から辞書で調べましょう。もし、スマホをいじることが許される職場環境なら辞書アプリを使ってその場で調べてしまいましょう。

　もちろん、帰りの電車内や訪問先への移動の時間を使ってもOK です。

　最終的に、こんな英文が完成しました。

explain the next action for reporting

　こんな身近な単語だけで、「報告の際は、必ず次のアクションを説明する」という表現ができるのです。

　どんなにつまらない会議でも、それが英語学習の時間になるとしたらムダな会議って、1つもなくなりますよね。これも、英語ノートのいいところ。ノートとペンさえあれば、どんな場も英語学習の時間に変えられるのです。

1行の蓄積はバカにできない

　例えば、外国人の知り合いに「<mark>最近プレゼンがうまくいってるね、どんな工夫をしているの？</mark>」と聞かれたとします。即興で話せますか？

　プレゼンのスキルについて、1行英語ノートを蓄積していくと、下のようになります。

```
presentation skill

- Make it presentation on time
  ⊂ planned time allocation in advance
  ⊂ keep 10 slides at maximum for 20 minutes presentation

- 1 slide, 1 message !
  ⊂ audience lose focus by "too much" message
  → 1 message, 1 Fact is the best slide

- "Preparation" is KSF (key success factor) for presentation
  ⊂ clarify the objectives of the presentation
  ⊂ create main story line ( & Time allocation)
  ⊂ collect Fact data ( for each message)
     ⇓
  1 slide, 1 message
     ⊂ keep 10 slides at maximum (20 min presentation)

New word
  - time allocation    - story line
  - in advance         - collect
  - preparation
  - clarify
  - objectives
```

82

見ての通り、全て1行で書いています。

1行の文章をひたすら書くだけという方法で本当に英語が話せるようになるのか不安に思う方がいるかもしれません。ですが、実際にネイティブが交わしている会話はこの「1行」の積み重ねなのです。

これを見つつ、友人にこんな説明をしたとしましょう。

Yes, I will share my presentation know-how with you.

I always make it presentation on time... this is very important.

Based on my experience, I always keep 10 slides at maximum for 20 minutes presentation.

Do you know "1 slide, 1 message" ? (Yes, this is famous presentation framework.)

It is important to create "1 slide, 1 message" slides because audience lose focus if I talk too much with 1 slide.

I have 1 fact data in each slides...so my presentation is "1 slides, 1 message, and 1 fact".

To make it great presentation, I think "preparation" is the key, and I have 3 points for the preparation.

- First of all, I clarify the objectives of the presentation.

- Secondly, I create main story line first.

- Lastly, I collect fact data for each main stories.

文章にするとこのように長い英語になりますが、先ほどの 1

行で書いている内容をくっつけただけ です。

　1行で英語を書く訓練をしていなかったら、とてもこんな文章はパッと出てこないでしょう。英語レベルの違いは歴然としています。

　この英文もよく見るといろいろとアラが見つかります。でも、これで十分伝わります。カッコいい英語を、長々と話そうとしてもすぐには口から出てきません。仮にうまく話せたとしても、長いダラダラした英語はわかりづらく、相手にうまく伝わりません。1日最低1行、こうした訓練をしていくことで1行単位の英文がパッと口から出てくるようになります。

　それができるようになったら、頭に思い浮かぶままに1行をつなげていくだけ。

　そして、1行で英語を書く訓練をすることでムダがなくなり、スピード感やリズム感のある英語が出てきます。実践単語も蓄積されていきます。

　これらの単語はあなたの仕事の場でノートに蓄積してきた実践の中で使われる言葉ですから、海外でも超頻出英語です。

　こうして1行英語ノートを訓練していくと、先ほどの文章がさらに洗練されて、以下のように進化していきます。

Thank you for the question. I have 3 lessens learned so far.
- #1. Clarify the presentation objectives

- #2. Create main story in advance
- #3. Collect "Fact data" for each slides

Based on my experience, "1 fact, 1 message" is the key to make presentation successful. And "Fact data" makes the presentation message powerful. Without this point, we can't provide the "clear message" to the audience. With this 3 lessens learned, I always keep 10 slides at maximum for 20 minutes presentation to make my presentation on time.

こうした英語も、はじめは「1行」から。そしてその核にある「1語」から始まっているのです。

「定点観測」で英語力向上を確信

　仕事に使う英語を1日3単語覚えれば、年間で1000単語。TOEICで覚える3000〜5000語よりも、これらの単語を使いこなせるようになるほうがはるかに即戦力になります。

　あなたがこれまで使用したテキスト等で振り返りながらノートに書く内容をブラッシュアップしていくと、超実践的に身につき、確実に表現力が豊かになります。

　数ヶ月後にあなたのノートを振り返ってみると一目瞭然 。表現力がどれだけ上がったか定点観測できます。そしてあなたの自信につながります。目で見て、英語力の向上がわかるのですから。

　あるいは、何度やっても改善できない箇所はあなたが重点的に勉強すべき内容だとはっきりと見えてきます。他の実践の場では英語がどれだけ上達したか可視化されにくいため、多くの人がやる気をなくして英語学習が続かなくなるのです。

　後日ノートを読み返したとき、さらにあなたの英語力はレベルアップします。「ここはこう言うべきだった」と、嬉々として当時の自分にアドバイスしたくなるでしょう。

　だから、不出来な英語も含めて、そのままノートに残しておいてください！

　自分自身に指導できるようになったら、それは英語が確実にあなたの身になり自律的に成長したことの表れなのです。

どのくらい1行英語ノートを続ければ 英語を話せるようになるの？

　ここまで、具体的な1行英語ノートの書き方についてお伝えしてきました。書き方はわかった、じゃあ、どのくらい続ければ話せるようになるの？　という疑問が湧いた方も多いのではないでしょうか。できるだけ早く英語を身につけたいという思いがありますよね。

　そこで、これまでの総括をしながら、この1行英語ノートを続けるとあなたにどんな変化が起きていくのか、以下におおまかなモデルケースを示します。

【1行英語ノートをスタートすると……】

1ヶ月後
・身近な内容のいくつかを英語で表現できる
・ノートがあれば相手に口頭で伝えられる

3ヶ月後
・1つのシーンに限ればノートなしで話せるようになる
・周囲に「英語ができる人」という印象を与えられる

6ヶ月後
・複数のシーンのやり取りが可能になる
・相手からの質問にも対応できるようになってくる
・この頃から海外出張可能レベルになる

　まず、英語ノートを始める前の私の英語力がどのようなものだったかについて説明します。

　大学では文系の学部に進学。大学受験でひと通り英語の勉強をしたものの、英語が得意という感覚はありませんでした。大学では必修科目になっていた英語の授業を1年生のときだけ受講。おそらく、この本を手に取った多くの方も似たような状況だったのではないでしょうか。

　とはいえ、将来を見据え、英語の重要性は感じていました。そこで大学のESS(English Speaking Society)サークルに入部。そこでは主にスピーチ・ディベート・ドラマ（英語劇）の3本の柱がありました。ですが、高校受験で英語を勉強しただけの私は、新入生歓迎スピーチコンテストで撃沈。次に挑んだディベートでも、完全にカタコトの英語で、相手にひたすら英語を浴びせられる結果に終わります。ここで完全に、自分には英語は無理なんだ、と打ちのめされました。そこでトライしたのがドラマ、英語劇です。そうはいっても、英会話を挫折した自分には役者は無理だと考え、裏方に回りました。大道具、続いて衣裳やメイクを担当。その後は企画や資金集めに奔走。

　つまり、ESSに入りながら、英語をほとんど話すことのない4年間を送ったのです。

　そして卒業後は外資系の企業に入社するも、配置されたセクションの関係で英語にはほぼ触れず。
　つまり、**大学受験以降英語の勉強をしていない→英語の必要性**

を感じるものの苦手意識が強い→英会話の機会なく社会人として何年も過ごすという、おそらくこの本を手に取ったほとんどの方と同じ道を辿ってきました。

　ですが、Part1 でもお伝えしたとおり、29 歳で副社長補佐になったとき、突然英語を使わざるを得ない事態が発生します。そしてここがまさに、私の「1 行英語ノート」のスタートでした。以下、1 行英語ノートを使うことでどのように英語が身についていったのか、時系列でお伝えします。

●1ヶ月——1つのシーンでサイクルをつかむ

　当時私が勤めていた会社の社長は、アメリカ人でした。副社長は営業本部長でもある人物で私は彼の補佐をしていました。そのため副社長に代わって、日本語が話せないアメリカ人の社長に対して売上予測やプロジェクトの状況を英語で報告しなければならないケースが出てきたのです。

　同僚や直属の上司に報告するのと違って、自分の英語のちょっとしたミスが全社に影響を与えかねません。大きなプレッシャーの中で、確実に英語を伝える必要がありました。

　でも、補佐業務があまりにも忙しくて、ゆっくり英会話学校で実力をつけよう、と言っている暇はありませんでした。外資系だったためか、英語は苦手だと話しても、なんとかなるよと真剣にとり合ってもらえず、この渦の中に放り込まれました。

　そこで私がとった行動が、とにかく「**必要な英語に絞る**」ということでした。

　あまりに時間的余裕がなかったため、**最低限必要な単語のみに絞って話すべきことを下書き**し、それを**機械のように音読する**ことにしたのです。

　辞書を引きながら、日本語を英語に置き換えていきます。英語は決して得意なほうではありませんでしたから、短い文章をシンプルな英語に置き換えて、その文をいくつもつなげることでなんとか報告書の体を成しました。Word でいえば 2 ページくらいの分量です。そして、その内容を繰り返し音読して暗記。つたないながらも、社長の前でなんとか読み上げることができました。

　これが、私が仕事で英語を本格的に使ったはじめての経験です。

金田：Company A is on going, and our closing date is July 30th. We make executive call for A in a week before the closing date.
　　　We wait for the approval by Company B this week.

（A 社の件は順調に進んでおり面談を 7 月 30 日にまとめる予定です。社長にはその 1 週間前に先方の社長を訪問いただきます。B 社は今週中の承認待ちです。）

社長：OK, thank you.（わかりました。ありがとう）

　このミッションは、その後も毎週行われました。週末に次週の台本（スクリプト）を書き、社長の前でなんとか報告します。社

長から英語で難しいツッコミが入ると途端に対応できなくなるので、こちらからの一方的な報告だけで済むように祈りながら、端的に、ゆっくり話すようにしました。

　また、**その場で答えられない質問への回答も書き込んでおく**ようにしました。最も多く使った切り返しはおそらく「I will report to you more details by email（メールで詳細を報告します）」です！

　メールだったら、時間をかければそこそこ書けたのです。ただし、その分だけ残業が重なりました。なんとも情けない次第ですが、このサイクルを重ねるうちに、ある傾向が見えてきました。

　それは、**同じような単語が何度も出てくる**ということ。毎週の報告の内容はもちろん別のものですが、以下のような単語は繰り返し出てくるので、リサイクルしてまた使えることに気づいたのです。

- on going（進行中）
- pending（保留）
- wait for customer's approval（顧客の承認待ち）

　こうした単語をベースに、あとは数字を加えるなど簡単なアレンジを加えて報告するだけでよいのです。

　重要顧客 10 社ごとに 1 行程度の箇条書きで

```
-wait for the customer's approval (A社:顧客の承認待ち)
-make a contract with (B社:顧客と契約締結)
```

　といった具合に、毎週いくつかの箇条書きを読んで報告していました。意識して復習しようとしなくても、自然と同じ単語を使う状況が発生し、知らぬ間に自分の中に英単語が蓄積されていきました。こうした英語表現集が毎日のように1行英語ノートで参照できるようになっていたのです。

　実はこの時点で、英語ノートの基本的要素がすでに出揃っていることに気づいたでしょうか。

・自分が頻繁に使うシーンに限定する
・仕事の時間を英語学習に置き換える
・1行でまとめる
・自分で英単語を調べる
・音読して記憶に残す

　時間がない、いわば背水の陣という状況で自然とこの方法に至ったのですが、これがまさに「短時間で」「自分に必要な」しかも「実践で使える」英語を身につける最適なメソッドだったのです。

　このサイクルが定型化したことによって、2回目には初回に使った単語を使い回せますし、3、4回繰り返すことで、台本を見なくてもそのフレーズをやり取りできるようになりました。

　「営業報告」という1つのシーンに絞られていたため、この方法

ならいける！という手応えを早々に感じることができました。

　これが私の1ヶ月目です。

　私の場合はいきなりアメリカ人の社長に報告をするというイレギュラーな状況でしたが、周りに1人も外国人がいなくても、同じようなステップを踏むことができます。

　この章のはじめでお伝えしたとおり、仕事中に書く **TO DO リストに絞って、英語に置き換えていけばよい**のです。

　毎日 TO DO リストを書くとしたら、1ヶ月あたり20日程度の出勤日に、必ず英語に触れることができるわけです。しかもそこで使われる単語の多くは、何回も出てきます。一夜漬けのテスト勉強と違って、自分が忘れる頃には、またその単語が勝手に現れるのです。

　1ヶ月経つ頃には、出張にはまだ遠い状態ではありますが、会議で扱うテーマや、上司から依頼されるタスク、ルーティンワークに関わる単語など、身近なことのいくつかは英語で表現できる状態になっているはずです。

●3ヶ月──「英語ができる人」と思われる！

　こうして、1ヶ月目でできたサイクルを2ヶ月、3ヶ月と繰り返すことで起こる変化は、主に2つあります。第一に、1つのシーンに限ればやり取りできるようになること。そして第二が、**周囲に「英語ができる人」という印象を与えられる**ということです。

　最初のうちは、補佐に就任したての私に対し、毎週の報告を社長が手加減して聞いてくれているのがわかりました。子どもが一

所懸命発表しているのに対して「よく頑張ったね」とでもいうような表情で、ほとんど質問を投げかけることもなく見守られていたような状態です。

　しかし、その状況をいつまでも続けられないプレッシャーはすさまじく大きなものでした。その場で私に聞くのではなく、後日副社長に尋ねていたようです。

　ですが、このサイクルが3ヶ月目に入った頃、徐々に社長から直接質問されることが増えていきました。私としても、営業報告に関する単語を新しく調べなくても、ほとんどのケースに対応できるようになっていることに気づきました。

　英語ノートは変わらず書き続けていましたが、事前の準備にかかる時間は以前の半分以下になり、過去に出てきた表現なら、金額やパーセンテージなどの数字部分を確認するだけで話せるようになったのです。そんな状況を見た社長が、これなら話せる、と判断して、追加質問をしてくるようになりました。

金田：The status of the contract process with Company A
　　　become pending this week.

（今週はA社の契約がいったん保留になりました。）

社長：You said the deal was "on-going" last week without any risks.
　　　What's the problem?

（先週はリスクなく順調と聞いていたが、どんな問題が起きたのか？）

金田 : We are facing 3 issues now.

First of all, they need the approval from one more executive level. Secondly, we need to negotiate an additional terms of contract with 1 specific case. Lastly, they become busy for a corporate issue to fix asap.

（大きく３つの課題があります。

１つは、先方の役員レベルの承認がもう１つ必要になったこと、２つ目はある１つの特殊ケースについて追加の契約条件を交渉しなければならなくなったこと、最後は先方のある会社の問題を早期解決しなければならなくなり忙しくなったため、です。）

※ この頃には頻繁に使う社内用語を蓄積

　このように質問をされることも多くありましたが、予想外の内容であっても「営業報告」というシーンに絞られているので、少し考えればほぼ想像がつきました。**自分が話せる単語は、聞き取れる単語でもあります**。自分が話せることが増えると、聞き取れる単語も増えていったのです。

　専門用語がパッと英語で思い浮かばなくても、ここまでに蓄積した単語を使えば、即興で回答できる機会が増えていきました。

　１ヶ月目の段階では、一方通行で読み上げるだけの「伝書バト」のような状態でした。３ヶ月目に至って、まだつたない部分はありつつも、**「相互のやりとり」が生まれた**のです。ここで、「いけるかも」という予感が、明らかな「自信」に変わりました。

　これだけの変化が生まれたのは、繰り返しますが、私の能力が

特別優れていたからではありません。シーンを徹底的に「絞る」ことで、使える語彙が広がったからです。

そして、2つ目の変化がさらに自信を後押ししてくれました。周囲から「金田さん、英語ペラペラらしいね」という反応がたびたび聞かれるようになったのです。

毎週社長に報告をしていましたが、その様子を見かけた同僚たちの目には、英語がペラペラで、ネイティブとどんな話題でも話せるように見えていたようなのです。

実際には、営業報告というシーンに限ってなんとか話せていただけで、ほかの話題になると全く英語が話せない状態でしたが、同僚たちは私の営業報告シーンしか見ていませんから、確かにほぼ不足なく話せているわけです。

つまり、実際に話せるシーンが1つしかなくても、1つのシーンに絞って英語の学習を続けたことで、実力以上に、英語ができる人という評価を受けられたのです。

例えば、もしあなたが街で外国人から道を尋ねられたとして、滑らかに道を教えられたら、隣に居合わせた人から「英語上手なんだね」と思ってもらえるでしょう。そのためにはひたすら道案内のシーンを繰り返し経験していけばよいのです。仕事においても、それと同じことが起こるのです。

仕事においてこうした状況を作ることができれば、海外出張や海外赴任などのチャンスを生むこともできます。

言い換えると、最短3ヶ月、1つのシーンに絞って英語を使

えば、そのシーンにおいては業務がこなせるレベルになるということです。そして、周りから「英語ができる人」と思ってもらえるくらい、流暢に聞こえる英語が話せるのです。

　この状況は海外での仕事を希望するあなたにとって、チャンスがくることも意味します。

　あなたが今まで、一度も遭遇しないであろうシーンの英会話や英単語の学習にどれだけ時間を費やしてきたか考えてみてください。

　ホテルのシャワーが壊れていたので修理を依頼する（年に1回行くかどうかの海外旅行でもめったに遭遇しません）、外国人の友人に日本の名所を案内する（英語に自信のない人にはまず発生しないケースです）といったシーンに割く時間をすべて「営業報告をする」というシーンに絞り、時間を注ぎ込む。

　だからこそ、3ヶ月でこれだけの成長を遂げられたのです。

●6ヶ月——さまざまなシーンで話せるように

　こうして1つのシーンを完成させたら、あとはそのシーンを増やしていくだけです。最初はボールの投げ方がわからなかった人が、キャッチボールがこなせるようになったあと、ノックにチャレンジし、最終的に野球の試合に出られるようになるようなイメージです。

　当時の私の状況に話を戻しましょう。
　社長から

「Could you research our competitive situation？
　（競合他社の情報が欲しいから調べておいて）」

　という、新しいテーマが与えられました。今までは自社の営業報告に終始していたのに加えて、「競合他社研究」という新しいシーンが加わったのです。

　今までに学んだ単語を流用するだけでは対応できず、ふたたび自分で調べる単語が増えました。このサイクルを繰り返すことによって、「競合他社研究」というシーンも「営業報告」と同じように、英語で話せるシーンとして加わったのです。

　日常的な英会話でいえば、買い物のシーンの英語をマスターしたあと、レストランでオーダーができるようになり、ホテルの従業員にさまざまなリクエストもできる……といった具合です。このように、対応できる話題やシーンが、どんどん増えていったのが4〜6ヶ月目でした。

　また、話す相手がさらに増えたのもこの頃でした。

　3ヶ月目で社長への営業報告に不安がなくなると、今度は経営企画室のイギリス人など、他部署のネイティブスピーカーに報告をするミッションが課せられたのです。こうして社長との1対1のやり取りだけでなく、話す相手が新たに加わりました。

　例えば「Could you report this week sales forecast to our corporate planning office？（今週の売上予測の内容を、経営企画部にも伝えておいて）」と社長に言われ、その旨を伝えに行くといった状況が生まれました。

金田 : There is a contract delay risk for several key customers.
（いくつかの主要顧客で契約遅延のリスクがあります）

経営企画部 A 氏 : Are there any issues in our internal contract process?
（我々社内の契約プロセスに何か課題はありますか？）

　社長からは、報告した状況そのものに対する質問はあっても、営業組織の内実にまで踏み込んだ質問をされることはありませんでした。このように、話す相手が変わるだけで、相手からのリアクションが変化します。同じ内容でも、微妙に言い回しが違うこともあります。同じ内容をやり取りしていても、語彙や表現の仕方のバリエーションが変わっていくのです。

　つまり、**単語が「派生」して増えていきます**。単なるシーンごとの足し算だけでなく、より表現の幅が広がるのです。

　英会話スクールなどにおいても、講師が替わると、同じようなことが起きます。いつもの講師といつもの話題で会話するのではなく、違う講師と新たなテーマで会話するのと同じです。それによって、自分が話せるテーマや表現のバリエーションが広がっていきます。

　この 6 ヶ月の間に、使える単語は以下のように進化していきました。

1 ヶ月

・on going（進行中）
・pending（保留）

- approval（承認）

３ヶ月

- forecast（予測する）
- prepare（準備する）
- improve（改善する）

６ヶ月

- issue（課題）
- route cause（根本原因）
- evaluate（評価する）

　このように、単語のレベルがアップしていきます。単なる事実の報告から、課題解決の方法などを相互にやりとりし、考察するような単語に進化していきました。

　１ヶ月目は、数字が増えた / 減ったなど、単なる事実の報告がメインでした。３ヶ月経つ頃には、事実の報告に加え、その理由などが言えるようになりました。６ヶ月目には、上司からの質問に対して即興で頭の中にあることを発せるようになり、複数のシーンが並行して育っていったという流れです。

　参考までに、章末に「グローバルリーダーは、チームをこう鼓舞する！成果につながる必須ポジティブ単語15」、「私が副社長補佐当時に絞り込んだ10個の英単語」を紹介します。

●いざ、海外出張へ

　こうして私は約6ヶ月で、見違えるほどに英語表現ができるようになっていきました。

　英語ノートをこのように順を追って実践していただけば、多くの方は、約6ヶ月で上司や先輩を伴った海外出張に出られるレベルに達します。この本を手にとられたあなたにとって、その英語力は1つのゴールの目安になるのではないでしょうか。

　この状態になると、**基礎的な動詞などはマスターできており、あとは固有名詞やよりハイレベルな単語を増やしていくだけ**という段階です。

　ちなみに私の場合、こうして英語ノートで英語を身につけ、1人で責任を持って出張に行くことが日常になったのは、英語ノートを始めた約1年後でした。

　3ヶ月目の状態とは違い、仕事に必要なほとんどのシーンで英語が使えるようになったこともあって、部長に昇進したのもこの頃です。それ以降は英語圏に限らず、スペインなど非英語圏の国に出張することも増えました。**英語を身につけることによって、仕事のキャリアも同時に育っていった**のです。

　ここまでにご紹介した成長モデルは、実際に私が経過してきた道をまとめたものです。たまたま英語のカンがよかった人間の特別なケースを書いていると思うかもしれませんが、決してそうではないことがおわかりいただけたのではないかと思います。

●英語ゼロの職業でも、会話力は育つ

　私の場合は外資系企業で、外国人と英語で話す機会が日常的にあるという、一般的な日本人にしては特殊な環境だけに、このような経緯を辿りました。

　ですが、日常的に実践的なシーンで勉強を重ねることは、周囲に外国人が1人もいなくても十分可能です。

　そのために最もおすすめするのが、英会話学校や英語教材による英語学習に「ノート」を活用しながら英語力を強化していく方法です。これまで英語学習をしてきて、結局英語が身につかなかった人の大半がノートを使わずに頭だけで勉強をしています。

　英語学習に自己投資している人は、次章で学ぶ英語学習をノートに「集約」しながら、その学習効果を一気に上げる方法を身につけましょう。この方法であなたの自己投資は十分に回収できます。

　次章では、1行英語ノートを使って「毎日の職場を英語の学習に変える方法」を紹介します。

グローバルリーダーは、チームをこう鼓舞する！
成果につながる必須ポジティブ単語 15

encourage 促す、励ます

Please encourage your team to take action.

あなたのチームが行動できるように促してください。

engage 深く関わる

We will need to improve the way we engage with our customers.

顧客との関わり方を改善する必要があります。

collaborate 協調して取り組む

Collaborate with business partners to bring the full scope of knowledge into your customer.

顧客に対し、すべての知識を注ぎ込めるようビジネスパートナーと協力しましょう。

commitment 献身

I will count on your continued energy and commitment for the business.

私は、あなたのビジネスに対する熱意と献身を頼りにしています。

accomplish 達成する

We could accomplish the goal with great team work that continues to drive the business.

私たちは素晴らしいチームワークのおかげで、その目標を達成することができました。

cascade 伝える

I expect you to cascade this message to your teams and ensure that they understand the importance of our strategy.

このメッセージをチームに伝え、戦略の重要性を理解させてほしい。

alignment 団結

We need to work in strong alignment with the global organization.

私たちはグローバル組織と一致団結して働かなければいけません。

leverage 活用する

Leveraging new technology, we became the best in the leading-class company in the market.

その技術を活用することで、私たちは市場のトップクラス企業の中でもナンバーワンになりました。

accelerate 加速させる

We will accelerate our strategy to become the leader of new technology market.

私たちは、新技術市場のリーダーとなるために、戦略を加速させます。

demonstrate 立証する

Our business results have clearly demonstrated that our mid-term strategy is working.

私たちの実績は、我々の中期戦略が成功していることを、はっきりと立証しています。

develop 構築する

We developed a new approach to the market.

私たちは市場への新しいアプローチ方法を生み出しました。

implement 実行に移す

We will take on the challenge of implementing a new program across the region.

私たちは新プログラムを地域の垣根を越えて実行していきます。

confident 確信している

I am more confident than ever that our future is bright and that each of you will continue to focus.

私は、我々の将来は輝かしいものであり、全員が各自のビジネスで成果を上げることを確信しています。

enhance 増進する

I am excited by the new focus that brings to enhance the delivery of value to customers.

私は顧客に対する価値をさらに生み出すであろう新しい取り組みを知り、わくわくして
います。

reinforce 強固にする

We reinforced our market leading position as a trusted partner to our
customers.

私たちは顧客に対する信頼できるパートナーとして、市場をリードする立場を強固なも
のにしました。

私が副社長補佐当時に絞り込んだ 10 個の英単語

commit ～を約束する

I will commit the target number by focusing on the 3 major deals, A, B and C.

A、B、C 3 つの主要な取引に集中することで、その目標数値を達成すると確約します。

deadline 期限

The deadline for the submission of proposal to the customer is April 29th.

そのお客様に提案書を提出する期限は 4 月 29 日です。

defer 延期する

The contract of the deal was deferred to the next month because the
customer's decision was delayed at their board meeting.

顧客企業の役員会議での決定が遅れているため、あの商談の契約は来月に変更になりました。

executive call (visit) トップ同士の面会

The executive call (visit) is planned next week and we will make sure
the contract condition with the decision maker directly.

トップ同士の面会が来週に予定されていますので、意思決定者に直接、契約状況を確認します。

first call（顧客への）初回訪問

At the first call for the customer, we will identify the customer needs and budget for the project.

そのお客様への最初の訪問で、私たちは顧客のニーズとプロジェクト予算を明確にします。

closing date 手続き完了日

The closing date for the deal is planned in the end of this month.

その商談の手続き完了日は、今月末の予定です。

risk（障害や損害の）恐れ

The risk to contract the deal is the contract condition. We will fix this issue with legal department next week.

その契約成立のリスク要因は契約条件です。来週には、法務部とともにこの課題を解決します。

in process 進んでいる

This deal is in process and there is no big risk to contract at this moment.

この商談は現在進行中で、現段階では大きなリスク要因はありません。

proposal date 提案日

The 1st proposal date for the customer is April 29th and we will make sure the value of our solution with the customer.

その顧客に最初に提案する日は4月29日です。その時に、我々が提示するソリューションが本当に価値あるものかどうか確認する予定です。

contract date 契約日

We have already made joint agreement of the contract date with the customer in April 29th.

その顧客とは、4月29日に契約を取り交わすことを合意しています。

106

Part3 応用編：あらゆる英語学習を1冊のノートに集約させる

ノートで、英語学習の効果を高める

　小学校から大学までの授業で、私たちはノートを使って勉強をしてきました。読者の誰もが過去に経験してわかっていることですが、勉強したことを整理したり、記憶したり、振り返ったりするのにノートは最高のツールです。

　にも関わらず、社会人になったらノートを使って勉強をすることがなくメモする程度。「頭だけ」で勉強しようとしても定着しません。

　英語学習者のほとんどが以下のような勉強をしてきたと思います。
1. 英会話学校
2. 英文法教材
3. 英単語学習

　しかし、これまでこうした英語学習をしてきてもイマイチその学習効果が出せなかったのは、「ノートを併用しながら勉強してこなかったから」と言っても過言ではありません。ノートを使うことで、こうした学習法の効率や定着率までも高めることができるのです。

　この章では、こうしたあらゆる英語学習を「英語ノートに集約」させてその学習効果を高めるための方法を紹介します。その上で、**英語ノートを使って「毎日の職場を英語の学習に変える方法」**を

紹介します。

　あなたがこれまで行ってきた英語学習の内容を全て「１冊の
ノートに集約」させることでそれらの学習効果を高めることがで
きるのです。

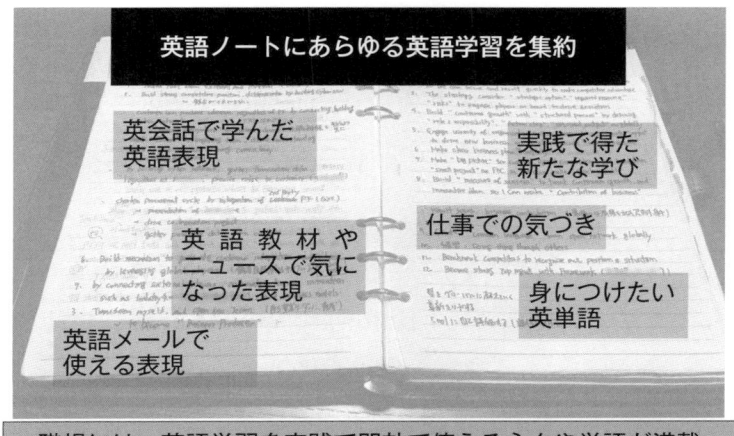

英会話学校とノートで学習効果促進

　本書を読んでいる方の中にも、オンラインを含め、何かしらの英会話スクールを利用したことのある方は多いのではないでしょうか。

　本書はノートを使った英語学習法を紹介していますが、こうしたスクールを否定するものではありません。

　ネイティブスピーカーをはじめ実際に英語が話せる人と会話をすることは、一人で動画を見ることに比べ、何倍ものレッスン効果があります。やはり何らかの英会話スクールを利用することが現実的です。

　その際にぜひ英語ノートを活用してください。

　その方法とは、繰り返しになりますがジャンルを「絞る」ことと、新たに学習した単語をノートの単語帳スペースに書き込むこと。

　スクールの場合、たいてい1回だけでなく、ある程度の期間や回数受講しますから、職場と同様に、「同じ単語を繰り返し会話で使う」という経験をすることが可能です。講師が発した言葉や、ほかの生徒が発した言葉も含め、これはと思う表現をどんどん英語ノートに蓄積していきましょう。

　また、受講前に台本を作ることも非常におすすめです。

　これまた私が営業報告の前に行っていたのと同じように、スクールで話すテーマについて、事前に自分で表現をノートに1行単位で準備しておき、それを実際の会話の際に使います。

　多くの人はスクールに通うだけで満足しがちで、予習をせずに

受講に臨んでいます。

　ですが、あなたはぜひ英語ノートで予習復習してください。

　ノートなしで受講するのに比べて、単語の定着力も、表現の幅も広がり、話す楽しさも格段にアップするはずです。

　自己紹介で話す内容や、自分でリクエストした内容など、事前のノートの仕込みをおこなうことで、ぶっつけ本番よりもはるかに充実した会話が可能になります。

　ほかの生徒と一緒に受講する場合も、自分が話すべき内容をノートに書いておくことで、緊張や劣等感からうまく話せなくなってしまう事態を防ぐことができます。

●オンライン英会話でリーズナブルに勉強する方法

　また、校舎に通うタイプの英会話スクールだけでなく、オンライン英会話でも同様にノートを活用できます。

　オンラインだと手元を見せずに会話できるので、英語ノートという名のカンニングペーパーを使っていてもあまりバレません。講師はあなたの英語力向上に驚くはずです！

　ちなみに私も、英語学習をはじめて半年経った頃から、オンライン英会話を利用していました。時差を利用して夜中に会話できるサービスもあり、多忙なビジネスマンにとっても強い味方です。

　もう 10 年以上前のことですので、現在は当時よりもさらに充実したサービスを提供しているでしょう。十分に通用する実践方法としてご紹介します。

　私が「EFイングリッシュライブ」というサービス（https://englishlive.ef.com/、当時はEF Englishtownという名称でした）と出会ったのは、副社長補佐に抜擢された29歳のときでした。アメリカ人社長をはじめとするトップマネジメントクラスを前に英語で話さなければならない立場となり、「もっと早く英語を勉強しておけばよかった」と強い後悔の念を抱きました。

　多忙な職責上、英語に時間を費やすよりも、仕事をしないと生き残れない状況でした。

　すぐ通学型の英会話スクールに電話をして入学手続きをしましたが、時間がとれずに授業をキャンセルすることが相次ぎ、フラストレーションばかりが溜まっていました。

　そこで、時間や場所の制約がなく、比較的低料金で勉強できる方法を探し始めたところ、目に留まったのが、このオンライン英会話スクールでした。当時月々7900円で2回分の飲み代を削れば支払える金額でした。24時間英会話のサービスが受けられるということで、すがる思いで申し込みをしました。

　そこに入ると、アジア中の様々な国の人が参加していました。

　テーマ別のグループレッスンではヘッドセットを使って、日本の英会話学校と同じ要領で英語の学習ができました。ネットワーク上に世界中の人がアクセスするので、地域や時間に縛られずに24時間いつでも英語が学習できます。テーマ別のグループレッスンでは、オンライン上でアジアだけでなく、様々な国の生徒と一緒にレッスンが受講でき、まるでバーチャルで留学しているような環境で英語レッスンが受けられました。

　日本の英会話学校ではクラスメートが全員日本人ということが多く、つい授業中も日本語に頼ってしまったり、クラスが終わったらすぐに慣れた日本語で会話が始まったり、日本語から抜けきれません。

　しかし、EF イングリッシュライブではアジア各国の人とクラスに参加（同じ時間帯の場合）するので、日本語に逃げることができません。カタコトでも何とかがんばって英語で話さなければなりません。それは日本人である私だけでなく、アジア各国全員が同じ状況です。

　家では早朝や帰宅後に 10 分でもこのサービスを活用するようにしました。英会話学校ほど事前の予約やキャンセル連絡は厳しくなかったので、より気楽にそして気軽にスキマ時間を使って利用していたのです。

●ノンネイティブとの会話で「自信」をつける

　世界中で英語を話す人たちの 4 分の 3 が、英語を母国語としていないといわれています。そうであればノンネイティブの英語に慣れることは、英語を学習するうえで非常に重要なことです。

　しかも、文法や発音以上に、とにかく自分の意図を相手に伝えることを重視するノンネイティブとのコミュニケーションを豊富に体験しておけば、ビジネスシーンで即使える力が身につきやすいという利点もあります。

　EF イングリッシュライブのグループレッスンは、実際のグロー

バル社会を反映していました。平均 4 〜 5 人の少人数で展開され、ネイティブ教師に加え、海外各国の受講者が参加するため、さまざまなノンネイティブと英語でやり取りすることができました。また、コミュニティでは、同じような目的や目標を持ったメンバーを見つけ、意見や情報交換をすることもできました。

　グループレッスンには、中国人、韓国人、香港人などがいましたが、多くの人が文法を無視したような英語を使っていました。そうしたコミュニケーションの輪の中に入ると、「あぁ、これでもいいんだ」と気が楽になりました。と同時に、自分が言いたいことをとにかく伝えることが大事なのだと気づいたのです。
　私が短期間で「英語に自信がついた」わけがそこにありました。

　うまく説明できた表現をすかさず 1 行英語ノートにメモし、今度は仕事の話で「そのまま実践」することで効果を上げていきました。
　アジアやヨーロッパ各国のノンネイティブと会話をすることで、英語完璧主義から脱却し、カタコトでも英語で自分の意見を伝えることの楽しさを知りました。
　みんな英語の勉強に苦労しているのです。それを知っただけでも大きな励みになりました。そしてネット上でお互いの英語学習の工夫を共有し合いました。

　ノンネイティブの人たちとのコミュニケーションの場を積極的に活用すると、いきなりネイティブのハイレベルの英語に触れる

必要もなく、彼らの努力が自分への励みとなって英語学習のモチベーションも上がります。

オンライン英会話に限らず、ノンネイティブの人を見つけて英語でコミュニケーションをする努力をすることで、英語の敷居は下がり、その分楽しんで英語を実践する機会は増えるでしょう。

私が利用したのはいつも深夜。仕事で疲れているはずなのですが、「まるで海外留学しているよう」な楽しさから、気づくと夜が明けていたこともしばしばありました。

●学んだことは実践の場で「即アウトプット」

学んだことは、**即翌日に実践**することが大切です。そのために活用するのが1行英語ノートです。

私の場合は29歳で英語を本格的に勉強しはじめた当時、トップマネジメント層に営業予測を伝える役割を負っていたので、会議の前夜にはできる限りネイティブ教師とのプライベートレッスンを受け、「こういうことを伝えるためにはどう表現すればいいのか」と**教師に具体的に質問**していました。

この表現も、すかさず1行英語ノートにメモ。翌日の会社の会議室で使える文字どおりの「実践英語」を集中的に学んでいったわけです。もちろん、翌日のレッスンでも活用しました。

それに慣れてくると、あたかも通訳の人がノートにメモをしながら話をするように、私も会議の要点をすかさずノートに1行でメモし、その内容を参照しながら会話につなげていくことが徐々

にできるようになりました。

　<u>「1行で書く」を徹底する場数を増やしていく</u>ことが、その何よりの近道だったのです。

　このように自身の目的に沿った英語を集中的に学び、レッスンや職場の実践の場で即アウトプットすることで自信がついていきました。

　こうしてオンライン英会話で学んだ内容を1行英語ノートに蓄積し、何度も実践したり、実践の場で追加修正をしながら読み返していくことで、英語力を短期間で高めることができたのです。

　こうして3ヶ月ほど経ったころ、私は会議の席上で言葉に詰まることもほとんどなく英語で説明できるようになり、外国人のマネジメント層たちが交わす言葉もほぼ完全に理解できている自分に驚くことになったのです。

　これも全て、ノートがあったからこそです。

英語教材とノートを併用して学習効果促進

　英会話だけでなく、英語教材も1行英語ノートと併用することで学習効果を促進することができます。
　自分が苦手とする文法や発音のポイントをノートにメモしておき、いざ1行英語ノートを実践する場で活かすのです。ノートに日々英語を書いているうちに、自分が頻繁に表現できない文法の弱点が視覚的に見えてきます。
　英語教材で文法や発音を勉強した上で、1行英語ノートで重点的に自分の弱点を克服していきましょう。

●日本人が苦手な文法を克服
　日本人が苦手とする英文法を1行英語ノートに書き込んでおき、重点的にリピート学習することでライティングやリーディングの弱点を効率的に克服します。

　1行英語ノートを書く際に表現に行き詰まったら、ノートに書き込んでおいた文法のポイント（学生時代にノートにまとめていた要領でよいでしょう）を振り返ります。
　そうすることで、実践の場で頻繁に表現できない**自分の文法の弱点が一目瞭然。集中的に対策を打つことができる**のです。何から文法を勉強すればよいかわからず、やみくもに広く浅く文法を勉強するよりも効果的です。

　本書では、日本人が苦手と思われる文法を解説しておきます。
　思い切って「後回し」にしてよい英文法についても触れています。
　もちろん、英語教材を使って総合的に文法を勉強してみたほうがよいのはいうまでもありません。ただ英文法については、厚い英語教材で勉強する必要はなく、**ごく簡単にまとめている教材を1冊勉強すれば十分**です。それよりも、**1行英語ノートを書きながら、毎日1行ずつ実践的に英文法を学習したほうがはるかに効果的**です。

　私も、学生時代に「不定詞」「動名詞」「句と節」などの小難しい勉強をしてきましたが、ビジネスの世界でこうした仕組みにこだわったことがなく、英語ノートとともに日常の中で自然と覚えていけたというのが実際のところです。

基本5文型：基本を理解しておくべきだが、当面は第1文型(S+v)、第2文型(S+v+C)、第3文型(S+v+O)を1行英語ノートで使いこなせるようになればよい。
※基本5文型はS(主語)、v(動詞)、C(補語)、O(目的語)の組み合わせ

前置詞：まずは以下を中心に身につけておきたい(教材で一通り勉強する)
　場所／時間：at(点)、on(面)、in(空間)
　目的：to(目的地へ)、for(目的地に向けて)、from(目的地から)
　上下方向：up(上に)、down(下に)
　手段：by(手段で)、with(道具で)
　属性：of(ある対象の一部分)
　対象：over(対象を超えて)、through(対象を突き抜けて)、
　　　　above(対象の上に)、below(対象の下に)

時制：過去、現在、未来の基本を理解しておく
※「過去形」「現在形」「未来系」のざっくり感覚でつかむだけでもよい
※当面は「過去完了形」と「現在完了形」は気にしない(ネイティブも適当な時がある)

関係代名詞：which、who/whom、that の使い方を身につけて損はないが、and と but の接続詞を使って文章をつなげることができればOK

冠詞：日本人が最も苦手と言われるが、a、an、the の使い分けは当面気にしない(ネイティブも適当な時がある)

●日本人が苦手な発音を克服

　日本人が苦手とする英語発音を1行英語ノートに書き込んでおき、**重点的にリピート学習することでスピーキングやリスニングの弱点を効率的に克服**します。

　1行英語ノートに書き込んだ内容は、仕事で頻繁に使われる表現ばかりです。つまりは、**仕事で確実に伝えなければならない発音を強化する材料**だと思ってください。

　どうせ発音を強化するなら、仕事で頻繁に実践する単語で勉強したほうがはるかに実践的ですよね。

　辞書アプリの「発音機能」と併用して、ノートに書いている内容を「音読」することで、重点的に相手に伝えなければならない苦手な発音を強化していくことができます。

　もし外国人の友人がいたり、英会

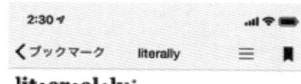

（画像は英辞郎）

話学校の外国人教師がいれば、ノートに書いている内容をサンプルに発音をしてもらい、直接ポイントを教えてもらうととても実践的かつ効果的です。

　本書では、日本人が苦手と思われる発音とその特徴を解説しておきます。これらの発音に注意して音読していきましょう。

● 「M」と「N」の英語発音

MとNの発音は簡単なようで、ほとんどの日本人は正しくできていません。〈鼻から息を出す〉ことが発音のポイントです。

● 「L」と「R」の英語発音

LとRは、舌の動きに慣れたら発音はわりと簡単ですが、リスニングが難しい音です。
聞き取りとなると、アメリカに数年在住した人でも苦手とするケースが多いようです。

● 「fan」と「fun」

英語の発音記号では、fan(fæn)、fun(fʌn) となります。
繰り返し聞くと聴き分けは簡単ですが、発音は難しい音です。

● 「f」と「h」の英語発音

fは簡単なようですが、多くの日本人は間違った発音をしています。
hは日本語のハヒフヘホとは違います。

● 「breathe」と「breeze」

[bríːð] と、[bríːz]。
聴き取り、発音とも日本人にとっては難易度の高い英語の音です。
日本語のザジズゼゾに似てはいますが別の音です。

● 「mouth」と「mouse」

日本人が、英語の mouth（口）を発音すると、たいていは mouse（ねずみ）と聞こえてしまいます。

● 「see」,「sea」,「she」,「c」

s の発音は、日本人が普通に発音すると、sea と言っているつもりでも大体は she に聞こえてしまいます。

● 「v」と「b」の英語発音

b の発音は日本語のバ行と同じなので問題ありませんが、v は日本語にない音なので練習が必要です。

英語ニュースアプリとノートで、リーズナブルにリーディングを強化する方法

　リーズナブルにできる英語学習法として、英語のニュースアプリを使った英語学習と英語ノートの併用もおすすめです。

「170327 A 社と契約が取れた！○○さんと握手」
170327 Closed the deal with handshake, Mr. ○○, Company A

　こうした表現を高めるのに有効なのが、英語のニュースサイトを 1 日 5 分でよいのでチェックすることです。
　私がオススメするスマホのニュースアプリはこの 3 つです。

・Feedly
(https://feedly.com/)

・Flipboard
(https://about.flipboard.com/)

・News360
(https://news360.com/)

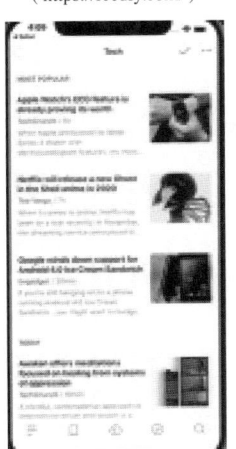

このどれか (無料) をスマホでダウンロードしていただくとわかりますが、いろんなジャンルの英語コラムが読み放題です。

極端な話、ニュースの中身をチェックしなくてもかまいません。目につくヘッドラインの表現方法を勉強するのです。

そこでもし気になるヘッドラインがあったらおそらくその中身の記事も読みたくなるでしょう。もし途中で読めなくなっても気にする必要はありません。あなたの目的は<u>ヘッドラインとして面白い表現を研究すること</u>です。

結果的に、強制力なく気になる記事をつい読みたくなります。

できれば 1 日 5 分、通勤時間にでも。ヘッドラインを研究し、その流れで自然と気になる英語記事を読んでしまうはずです！

<u>毎日 5 分、英語ニュースのヘッドラインをチェックするだけ 。</u>

これを英語ノートで毎日練習していくことで、ノートへの書き込みだけでなく実践においてスパッと相手の気をひく言い回しの強化にとても効果的です。

TEDとノートで、「お金をかけず」に リスニング力を強化する方法

　お金をかけずにできる英語学習法として、英語のリスニング力を楽しく強化する方法もあります。

　それは「英語の字幕」で「TED」を見ることです。

TED(https://www.ted.com/)

　TEDは世界中の講演会の内容をインターネット上で無料で動画配信しています。そのトピックは仕事に関係するものだけをみても「テクノロジー」「ビジネス」「個人の成長」「社会変化」など様々で、世界中の新しい情報にふれることができます。

　TEDにはスマホアプリがあり、だいたいが10分程度の長さですので、通勤等で聞いてみるのをおすすめします。

　リスニング力向上のために、YouTubeなどの動画サイトを利用している人も多いでしょう。大統領スピーチや海外ニュースなど

さまざまな情報を無料で見ることができ、確かに便利なものです。

しかし、おそらく実際に英語の勉強に使った方はおわかりのように、タイトルやトップ画像から期待したような内容でないものが混ざっていることもあるのが欠点です。また英語字幕がないものが多いのが欠点です。

TED のトップページはすべて英語なので、英語に苦手意識のある方は、はじめはちょっと抵抗があるかもしれません。

ですが、思わずクリックしてしまいたくなる面白い動画ばかりがアップされており、YouTube に紛れているような "ハズレ" 動画がありません。私も、通勤の時間などを利用して現在もフル活用しています。

TED でしたら、英語の字幕に加えて、その内容のスクリプトがあるので、**聞き取れない箇所を重点的に聞き直したり、気になる表現を何度も聴きながら覚える**ことがスムーズに行えます。

例えば「音楽」など趣味の分野の話題や、「女性の働き方」という社会的なテーマまで幅広く、動画の字幕は英語と日本語を切り替えることができます。

おすすめの利用法は、英語ノートと同じく、**テーマを「絞る」こと**です。

関心のあるテーマのほうが興味深く聞けますし、単語も耳なじみのあるものが多く出てきます。

何より、自分が英会話で語りたくなるテーマの英語を覚えれば、その英語をそのまま会話に応用できるのも強みです。

　まずは**スクリプトをざっと読んで大まかな内容を把握**します。するとある程度の流れが想定でき、わからない単語を事前に把握できるので、いきなり聴くよりも聴き取りやすくなります。

　ある程度の想定ができ、ある程度の単語がわかった状態だと、そこそこ内容を聴き取れるのが実感できると思います。

　そして、ここでもぜひ英語ノートを使ってください。

　TEDを観て聴き取れなかった箇所を重点的に1行英語ノートで学習しておくことで、リスニング力を効率的に高めることができます。ネットサーフィン感覚で楽しんだり、ユーザーの英語コメントを表現の参考にしたりしながら、**新たに獲得した気になる単語もノートに転記**します。

　TED動画を活用した英語学習も、1行英語ノートと併用することでリスニング強化に効果があるのです。

　Part2で説明した「単語帳スペース」を使えば、後日簡単にこうして蓄積した単語を振り返ることができておすすめです。

　これも、ノートがあるからこそできること。ただ見るだけでは、どうしてもせっかく出会った単語が記憶に残りません。**ノートに残し、後から見返すことで、実践で使える英語になります**。繰り返しますが、この「TED」は無料ですし、ノートもいくら使ってもタダ同然です！ぜひどんどん活用してください。

●洋画はリスニング教材にはやや不向き!?

　身近なリスニング教材として、アメリカやイギリス等の映画を活用している人も多いでしょう。

　ただ、私は洋画は初心者のリスニング向上にはベストではないと思うのです。

　その理由は、洋画に出てくる単語は、**職場や海外旅行で接する英語に比べて、幅が広すぎる**ということ。

　英語ノートで英語を身につけるには、ジャンルを「絞る」のが鉄則です。その点からいくと、語彙の幅が絞られていない映画は、初心者にはちょっとハードルが高いことが多いのです。

　ただ、映画が趣味で、「せっかくだから映画を観ながら楽しんで英語を勉強したい」という人もいるはずです。

　そこでおすすめなのは「Netflix（ネットフリックス）」です。スマホやタブレットから映画やドラマを視聴でき、英語の字幕に切り替えることが可能。ただしスクリプトはないので、英語表現をじっくり身につけるには根気が必要です。

　英語が苦手な人は、まず「TED」のような動画サイトや英会話スクールから取り組むことをおすすめします。

英単語集とノートで学習効果促進

　一番おすすめしたい単語の覚え方は、これまで説明した「一点突破で単語を派生」させながら覚えていく方法なのですが、市販の英単語集も、英語ノートと併用すれば効果を促進することができます。

　Part2 で、1 日に単語を 3 つずつ覚えると 1 年間で最低 1,000 単語を覚えていくことができる（1 日 10 単語だと、1 年間で約 3,700 単語）とお伝えしました。

　まず、朝一の時間や通勤時間を利用して、お気に入りの英単語集から 3 つの単語を選んで記憶します。そして、その記憶した単語を使いながらその日の 1 行英語ノートを書いてみるのです。

　人間は 1 日もすれば記憶が薄くなりますが、それを回避する最もよい方法は実際に毎日繰り返しアウトプットすることです。

　新しく覚えた単語をその日中に書いたり声に出してみることで、記憶の中に定着させられます。

　このように「インプット学習（1 日に単語を 3 つ暗記）」と「アウトプット学習（暗記した単語をノートで実践）」を交互に繰り返していくのがコツです。

　1 日 50 単語を気合いで覚えようとして、結局 1 単語もその日に使わないより、少なくても小さく早くアウトプット学習とインプット学習を回していったほうが、はるかに記憶に残ります。1

行英語ノートを続けることを習慣化できていれば、そのサイクルが自然と再現できるわけです。

こうした地道な取り組みがノートに蓄積されると、いざ数ヶ月後に海外出張が決まった際に、いつでもノートを振り返りながら、記憶を呼び戻すことができます。

なぜなら、そのノートに書かれている内容は実体験に基づくもの。当時の情景とともに、英語表現を思い出すことができます。

海外出張や外国人との打ち合わせなどが控えているときにも、**使用しそうな単語を事前にノートに整理しておくと関連する英単語を効率的に覚えられますし、**次の機会に再利用することができます。

私のノートに実際に書き込んでいるビジネス英語頻出単語を巻末に掲載していますので、そちらも参考にしてみてください。

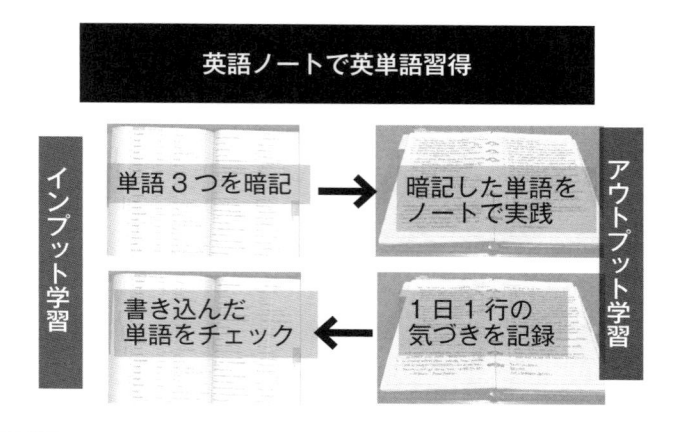

ノートをプラットフォームにする

　このように、日々仕事の場面などで使用する英語ノートに、他の教材から得た要素をプラスすることを、私は**英語ノートの「プラットフォーム化」**と呼んでいます。

　本書でお伝えする英語ノートにおいて、とても大事なポイントなので、ぜひ覚えておいてください。

　「聴き流すだけ」系の教材。

　英会話スクール等でもらった教材。

　学生時代の参考書。

　今までうまく活用できなかった教材も、そこで得た表現をノートに蓄積していけば、逃さずあなたのものにすることができるのです。今まで右から左へと流れて定着しなかったのは、この「プラットフォーム」がなくて、記憶にとどめる仕組みがなかったからなのです。

　英語ノートの大きなメリットは、**自分が使うあらゆる教材の中から、自分に最適化された英語表現や単語が蓄積**されていくことにあります。

　英語教材を持って出勤するのは不便ですし、仕事中にそれを開くのは現実的ではありません。

　でも、ノートなら会社に持って行けますし、仕事中に堂々と開くことができます。

　ノートをプラットフォームにすれば、そこに仕事で使う単語も、各種教材で得た単語も「集約」していくことができます。

　そして仕事中に何度も開いて、空き時間を利用して英語学習の「内職」もできるので、復習効果が非常に高くなるのです。

　こうして作られた英語ノートには、あなたの生活や興味・関心に特化した単語が並んでいます。

　どんなすばらしい教材を買ったとしても、そこに載っている単語の中には、あなたがほとんど使う可能性のないものも含まれています。でもあなたの生活を土台にして生まれた英語ノートなら、書かれた単語の 100% があなたにとっての最重要単語です。

　いつも傍らに置いて開ける。

　自分の生活シーンが土台になっているから圧倒的に身につく。

　ほこりをかぶっている教材も含め、あなたが触れる英語を 1 つも無駄にしないたった 1 つの方法が、この 1 行英語ノートなのです。

　次章では、あなたに最適化された 1 行英語ノートを活用して、ビジネススキルを向上させる方法を紹介します。「1 行で書く」意図がさらに実感できるはずです。

Part4 実践編：1行英語ノートでビジネススキルもUP！

1 行でまとめると仕事がうまくいく

　Part1 では、英語学習のためのノート術をお伝えしました。そこで挙げた 5 つのメリットを覚えているでしょうか。

【メリット 1 ：時間がない中で英語の勉強がラクにできる】
【メリット 2 ：自分の成長を可視化できる】
【メリット 3 ：手を動かすことで記憶定着率がアップ】
【メリット 4 ：すぐにグローバルビジネスの現場で使える】
【メリット 5 ：復習に役立てられる】

　これらは、シーンを絞り、1 行の英語にまとめていくことで得られる英語学習の効果でした。

　実はこの 5 つのメリットは、英語学習だけに現れるものではありません。英語でノートをつけることによって、「仕事」にも効果をもたらすのです。

　これは、
・「1 行で書く」という方法が、物事を端的に・効果的に伝える
　訓練になる
・成長が可視化されることが、仕事のモチベーションや能力アップ
　につながる
　ということです。

　英語ノートを書くうえでの大切なポイント。

それは「1行」で書くことです。

私自身、以前はノートにごちゃごちゃ書きすぎてしまうタイプだったのですが、あまりにも情報量が多いので、結局英語でまとめても意味不明な表現が多く、英語での会議にノートが追いつかず、当時のノートはあとから読み返すことができませんでした。結果、せっかく仕事の現場で大量に出てくる頻出単語が頭に残らず、英語で簡潔に発言したり、まとめたりするスキルが向上しませんでした。

たいていの人は、ノートに書いてもそのまま。書きっぱなしの状態になっているかと思います。これではせっかくの英語の学習効果も働きません。

あなたはどうですか?

せっかくノートにいいことを書いてもそれを読み返すことがなく、引き出しにしまわれたままになっていたり、そのままゴミ箱行きになることもあったのではないでしょうか。

ところが、ノートを中心にあらゆる英語学習をまとめた「1行英語ノート」なら、英語力だけでなくビジネススキルの向上に効くのです。

●1行で書くのは英語力強化のベスト訓練法

ノートに1行だから簡単!

早速、1行英語ノートをはじめてみよう。

そう思っていざノートに向かったとき、きっとあなたはこう思うはずです。

1行で書くのって、思っていた以上に難しい……。自分が経験

したことを要約をしてたった1行で表現する。それだけ、英語で端的にまとめる訓練をしてこなかったということです。

　それでは長い文章をスピーディに書けるわけがありません。

　実は「1行で書く」は英語力強化の重要な訓練の1つなのです。なぜか？

　自分が英語で発言することを瞬間的に頭の中で簡潔に整理するためです。それくらいの時間感覚で意見を英語でまとめられないと、英語での会議等の本番では決して英語が口からスムーズに出てきません。何かに対してあれもこれも話をする人はたいてい、頭の中が整理できていないのです。つまり「要は……」が「一言」で言えない。「いろいろあるけど、結局○○が大事」と絞り込みができないのです。

　聞いててダラダラと話す人って、結局何が言いたいか？　何をしてほしいのか？　わからないですよね。

　ストレートな表記が多い英語ならなおさらです。

　つまり、一言でスパッと言えないと、聞き手を動機づけすることができません。それは同時に、自分自身が何をすべきかよくわかっていない、ということでもあります。

　1行で書く訓練は、頭の中を英語脳で整理し、英語ですぐに反応したり、切り返すうえで大変効果があります。

　1行で書くことを習慣化していくと、結果的にあなたの英語での会話に「ムダ」がなくなってきます。

　はじめのうちはなかなか言葉がシンプルにまとまらず、1行に

収められない！ということもあると思います。まずは、数行になっ
てもかまいません。

　とりあえず日本語で書いておいて、後から英単語を調べてノー
トを完成させるように、後から１行に縮めればいいのです。

　これを繰り返すうちに、１行で書く力が少しずつ身につきます。

　例えば、下記の英文を、実際の会話のようなペースで読み上げ
てみましょう。

👤 -「Company A, closing date, July 30th. Must executive call,
　　a week before the closing date」

　　(契約日の１週間前に役員訪問をし、A社との面談を７月30日にま
　　とめる予定です。)

　いかがでしょうか？　きっと10秒以内で読み上げられたので
はないでしょうか。ほとんど、一瞬ですよね。

　こうやって、一瞬で言える程度の情報量に限られているという
ことはその情報にムダがないということ。

　こんなカタコト英語でもしっかり要点が絞れていれば、一瞬で、
相手に伝えることができるのです。

　このノートがもし１行英語ノートではなく「３行ノート」だっ
たとしたら、単純計算で 10 × 3 =30 秒近くかかってしまいます。

　グローバルビジネスの現場では、特に英語を使う状況において
は、英語をダラダラ話すのではなく、ポイントを簡潔に話すこと

138

がとても**重要**なのです。これができないと、相手の英語のペースについていけなくなります。

　例えば、
　・この企画の目的を一言で言うと？
　・この会議のゴールを一言で言うと？
　・このプレゼンで一番伝えたいことは？
　・顧客の課題を一言で言うと？
　・今、やるべきことを一言で言うと？
　こんな質問はグローバルの会議で当然のように出てきます。
　あなたは、即興で簡潔に言えますか？

　これは訓練によって改善できることです。
　その最大の訓練が「1行英語ノート」なのです。

●短く書き、短く伝える

　1行で書くのは、英語ノート術のためだけにとどまりません。**「短く書く」という訓練が「短く伝える」ことにもつながる**のです。

　これは、会話でやりとりするときはもちろん、資料、メールの文書作成など日常の仕事すべてに応用できること。

　つまり英語力強化だけでなく、**仕事の生産性の向上も目指せます**。実際に、グローバルビジネスの現場では仕事の生産性やスピードがとても速いので、1行英語ノートはおすすめしたい方法です。

　1時間かけていた資料を、20分で作成。A4で3枚に渡る資料を、A4で1枚の分量に圧縮。15行で返信していたメールを、5行に

凝縮。このどれもが、言いたいことを1行にまとめるという1行英語ノートの行為に集約されています。

1行英語ノートを続けることが、自然と英語を活用した仕事時間の短縮にもつながるのです。

海外では「What's your point?」（要点はなんですか）と聞かれることが、非常に多くあります。

日本人は、要点を絞りきれずにダラダラと話してしまう癖がありますが、1行英語ノートでこの癖を一掃しておくことは、海外で仕事をするうえで、発音の良し悪し以上に重要です。

● 「1行」の訓練で英語資料作成がスピードアップ

さらに踏み込んで仕事をスピードアップするために重要なポイントをお伝えします。

例えばパワーポイントで10枚のスライド資料で企画案をまとめ、3時間後に上司に提出するというタスクがあったとします。

ここで、英語ノート術で繰り返し言ってきた「30点でいい」の精神が役立つのです。海外では初期段階の資料の品質がとても低く、突貫でさくっと作成し、周囲から意見を吸い上げ、スピーディーに改良を加えていくスタイルです。

リアルなグローバルビジネスの世界では、10枚のスライドでプレゼンをする場合、「2:8の法則」といって、10あるうちの2が、重要な8割を占めると言われています。残る8は、重要な2の補足や要約に過ぎないというのが実態です。

　つまり、2枚のスライドだけでそのプレゼンで80点獲得できるということ。

　そこでおすすめなのが、10枚全部を1から順に仕上げるのではなく、**まず骨組みとなるキーチャートだけを作る**こと。

　期限内に成果を出すために、絵や図はいったん置いておいて、**箇条書きで言いたいことを整理する**だけでもよいのです。

　大概、失敗する人は期限内に気合で全てのスライドを完璧に仕上げようとして、結果どのスライドも中途半端になるケースが多いのです。

　パワーポイントで言えば、**一番上のタイトル部分と3つ程度の箇条書き**（パワーポイント上段のヘッドライン）**だけを先に英語でまとめておく**のです。ここで、1行英語ノートの精神が生きてきます。

　1つのことを言うのに数行費やしてしまうのは、言葉がまだ十分に練り込めていないということ。

　1行英語ノートと同じく、**資料作成においてもすべて1行で表現する**のが鉄則です。

　文字サイズは**28ポイントくらいの大きさ**がベスト。最低でも20ポイント以上は必須です。それよりも小さくないと収まらないようであれば、さらに言葉を絞る必要があります。

　普段から1行で言いたいことを英語で書く訓練をしていれば、頭の中にあることをざっと10枚分書くのも、他の人より圧倒的に慣れているはずです。1枚6分で仕上げれば、1時間で全体の

骨子は仕上がる計算です。

　残りの2時間は、10枚のうち、本当に必要な2枚に重点的に絞って図や表を加えます。キーチャートを先に押さえにいくのです。

　私は月に1回のペースで海外出張があり、今では毎月のように経営会議で発表するようになったのですが、資料の作成が間に合わずに行きの飛行機で資料を作成することがあります。短期間で、経営会議で発表できる資料を作成できるようになったのもこうした訓練の賜物でした。

　時間内に作業を終えたうえに核となるストーリーは、しっかり2枚のスライドに絞り込まれている。

　まずは、その状態を目指してください。

　ここでは、パワーポイントの資料作成を例にとりあげましたが、この考え方は、**期限を伴うあらゆる仕事において共通**することです。例えば、英語での議事録や報告書がそうです。

　完璧ではなくていい、という考えは甘えているように思えてしっくり来ない方もいるかもしれません。でも、英語を学ぶうえでも、ビジネスの世界で生きていくうえでも、とにかく前に進んでいくために欠かせない考え方です。

「英語日記」で英語力と成功を手に入れる

1行英語ノートでビジネススキルを上げるさらによい方法があります。

それは「小さな成功体験 (ミニサクセスストーリー) 」を、ノートに「1日1行」英語で書き込んでいく方法です。これを「1行英語日記」と呼びます。つまり、1行英語ノートに日記もつけることでビジネススキルを向上できます。

「成功なんて自分にはない」と思うかもしれませんが「小さな」成功体験だったら1日の中に必ず何らかあるはずです。

やり方はいたって簡単。

① 今日一日であなたが感じたミニサクセスを英語で1行記入

② それができた理由を「← (左矢印)」で補足説明

③「→ (右矢印)」のあとに次のアクションを書く

これだけです。以下に実例を示します。

120618 Business plan review by ○○ -san

1.Prepare for strategic options to choose from

(戦略判断の選択肢をいくつか用意しておく)

← (It is) effective to facilitate the management decision

(経営判断を円滑に得るために効果的)

→ Estimate "Worst case/ Real case/ Best case"

(最悪／現実的／最高ケースを想定しておく)

このノートは、2012年6月18日に日本人上司とのミーティングがあり、そこで褒められたときの体験談です。それは、うまくいっていないある案件を上司に報告する際、対策をいくつか用意して臨んだときのことでした。

それまではただありのままに上司に状況を報告し、いつも叱責されていたのですが、このときは違いました。ほかの人がその上司に対策を3つの選択肢にまとめ、うまく報告している姿を見て感心し、自分も実践してみたのです。すると、上司のよい判断が得やすくなり、支援も得ることができました。これが小さな成功体験です。

そこで、まずノートの1行目に

Prepare for strategic options to choose from

    (戦略判断の選択肢をいくつか用意しておく)

と、その重要さに気づいた私の小さな**成功体験を記録**しました。

そして、**左矢印**のあとに、その**理由**である

← (It is) effective to facilitate the management decision

    (経営判断を円滑に得るために効果的)

という1行を加えます。

では、その秘訣は？　そこで3行目に**右矢印**を入れて、どう**アクションをとるべきか**を1行で書きます。ここでは、

→ Estimate "Worst case/ Real case/ Best case"

(最悪／現実的／最高のケースを想定しておく)　　　です。

144

「うまくかないときの対策」として worst case (最悪のケース)- real case (現実的なケース)- best case (最高のケース) の「3 つ」を常に想定しておくこと。

　仕事を進める上で物事がうまくいかないこと、想定外の出来事がある。だから重要なのは常にうまくいかないことを想定してそのバックアップ案を用意しておくこと。

　そう気づくまでの私は、想定外が起きたときにすぐに対策が打てずに上司に叱責されていたのです。

　でも、今回は違った。これが「小さな成功体験」です。

　このように、普段のあなたの仕事から得た学びを事実とともに 1 行でまとめることで、その成功パターンを再現できるようになるのです。**これらの体験を英語で簡潔にまとめる訓練を毎日 1 行で繰り返していくことで、いずれ会議や打ち合わせ等で自然と行動できるようになります。**

　そしてこうしたコツを英語で第三者に説明することができてきます。以下、その詳細をより深掘りしてお伝えします。

●小さな成功(ミニサクセス)に目を向ける

　私たちは反省に対して、その原因を分析することができます。でも成功に対して、その原因を分析するのが苦手です。

　私は、仕事でよい成果を出した部下の成功体験に対し、「どうしてうまくいったの？」とよく質問を振るようにしています。何十人と質問してきましたが、それを整理して答えられる人はか

なり少ないのです。この質問に答えられない人は、その成功は
・自分のどんな行動がもたらしたのか？
・周りのどんな支援のおかげなのか？
・それをどう引き出したのか？
・また自分のどんな強みが生かせたのか？
・それらをどうパターン化できるか？
がわかっていません。

つまり、自分の成功要因を「客観視」できていない。
だから、「次に何をすれば」成果が出せるかわかっていない。
だから成功パターンを再現できないのです。これは、とてももったいないことです。成長の機会損失ともいえます。

そこで私がおすすめするのが「小さな成功体験（ミニサクセスストーリー）」に目を向けることです。別に大げさな成功ではなく、日々起こるような、小さな成功体験に対してです。

- 今日は楽しみながら勉強ができた (I studied while having fun today.)
- 今日、上司に褒められた (I was praised by my boss today.)
- 今朝は目覚めがよかった (I got up easily this morning.)

「そんなものでいいの？」と思うようなことでよいのです。
あなたの今日一日の出来事を思い浮かべてください。
どんな小さなことでもよいので「小さな成功体験」があるはずです。

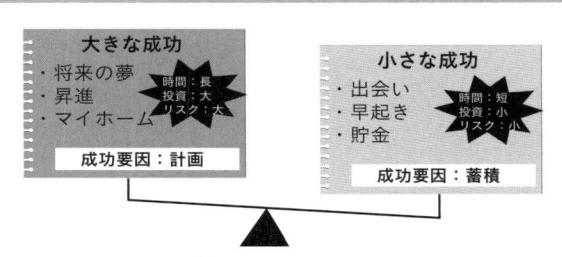

成功とは作るものでなく、気づくもの？

あなたの今日1日の出来事を思い浮かべてください。

大きな成功
・将来の夢
・昇進
・マイホーム
時間：長
投資：大
リスク：大
成功要因：計画

小さな成功
・出会い
・早起き
・貯金
時間：短
投資：小
リスク：小
成功要因：蓄積

あなたの「これから」に必要なことは
自分の成功パターンを蓄積すること。

「小さな成功体験」は、大きな成功に比べて

　・成功を再現できる「時間」が短い

　・スキルアップに必要な「投資」が小さい

　・やってみる「リスク」が小さい

　というメリットがあります。

「大きな成功体験」は「計画」することが成功要因。

「**小さな成功体験**」は「**蓄積**」することが成功要因です。

　安定的に成功要因の分析⇒再現を継続していくことで、成功パターンを増やすことができます。

　この流れを作るための工夫が仕込まれていて、自然とこれまで説明したステップが進みだすのが、これからお伝えする私の英語ノート術のもう1つのメソッドです。

とにかく「1行」にこだわる

1行英語日記をスタートしたてのときは、「ひょっとしてアレも書いた方がいいかな」とついつい欲張ってしまいがちです。

でも、たった1行、その日をふり返って、1つ成功体験を書くだけで十分です。そして、その成功体験からの気づきがあれば、完璧です。

The audience focused on my presentation
（聞き手が自分のプレゼンに集中した）
← Ask Yes/No questions at the beginning of presentation
（プレゼンの冒頭に Yes/No 質問を振る）
← Keep silence for 3 seconds before presenting main slides
（大事なスライド説明の直前に3秒沈黙する）
← Summarize the conclusion at the end of presentation
（プレゼンの締めにまとめを入れる）

左矢印（←）の後に、気づきを3行入れています。これだったら わずか4行（左矢印の詳細は次の項目でお伝えします）。

すぐに振り返ることができるはずです。

毎日5分でも振り返りの時間を作り、1日1日の学びを確実に振り返れる状態にしておきます。 これが、数行でダラダラと書かれていたら読み返すのも大変……というか面倒ですよね。

　毎日、小さな学び1行とその学びを通して気づいたことを3行。平日5日分でもたったの20行。この程度の分量であれば、翌週の月曜日の朝、少し早く起きて見直すことができますよね？

　わざわざ早く起きなくても、通勤電車の中で見直すことも可能です。

　こうして毎日1回、英語表現を自分の脳に焼きつけます。日増しに使える英語表現が蓄積されます。

　それと同時に、今週やるべきことを右矢印(→)で書くことで、「自分が今週何をすべきか？」がはっきりします。

　つまり、次に1行英語日記で書く動機が自然と芽生えます。さらに英語表現が蓄積できるわけです。

　例えば月曜日〜金曜日に1行英語日記に書いたことが以下のような内容だったとします。

Monday : Preparation for the meeting went well

（月曜日：会議の資料準備がうまくいった）

Tuesday : Received many questions at the presentation

（火曜日：プレゼンしてたくさんの質問をもらった）

Wednesday : Cut my work short to avoid overtime work

（水曜日：残業をしないよう仕事を早く片づけられた）

Thursday : Received important advice by my boss at the dinner

（木曜日：上司との会食で、重要なアドバイスをもらった）

Friday : Encouraged by my friend at the dinner

（金曜日：友達と飲みにいって元気づけられた）

　それぞれに、「なぜそれがうまくいったか?」を分析して書き込んでいくのです（最低1つ以上、できれば3つ）。

　たった1週間、平日に1行英語日記をやっただけでも、5つ分の英語表現が身につきます。それを1ヶ月やると20個分。3ヶ月やると60個分。1年やると240個分。私はこれを10年以上続けています。だから、様々な英語表現が書けるようになったり、英語プレゼンができるようになったり、仕事で英語で話せるようになったのです。

　継続するだけ相当の英語表現が蓄積されます。「継続は力なり」とよく言いますが、それを1行英語日記が証明してくれます。翌週振り返ったときに、頭の中に残るのです。山のようにごちゃごちゃと書かれていたら、頭には残らないですよね。でも、シンプルな1行の文章なら、すっと頭に入ってきます。

矢印で「3つの成功ノウハウ」を蓄積する

1行英語日記を上手にまとめるうえで欠かせないのが、先ほど登場した「矢印」の使い方です。

・左矢印 (←)
・右矢印 (→)　　　　　　　　　　　の2種類です。

ここでは、先ほどの「聞き手に自分のプレゼンを集中させる3つの方法」を例に、この矢印の使い方をより詳しく紹介します。

以前、私が行ったある仕事術のプレゼンテーションで
・参加者が誰も寝なかった
・参加者が下を向いていなかった
・参加者からプレゼン後に質問が殺到した
という経験がありました。この成功体験に対して、ポイントは3つ考えられました。これを例にとって、英語ノートの書き方を学んでいきましょう。

●左矢印のあとに「理由」を書く

まず、

The audience focused on my presentation

(聞き手が自分のプレゼンに集中した)

というミニサクセスストーリーをノートに1行書きます。

パッと全文英語が浮かばなかったら

聞き手 focus my プレゼン

まずはこれで OK です！ これ以降のページでも、ぜひ同じ方式でできるだけ英文で書くことにトライしてみてくださいね。focus は過去形？ focus のあとに「on」が入る？ そういうことは、全部後回しで OK です。

続いて、「 何でうまくいったのか 」を考えます。同じく、英語で自問自答してみてください。

ここで登場するのが「左矢印 (←)」です。

これは英語の「Because（なぜなら）」を意味します。英語はロジカルな言葉なので、こうした「接続語」を使う訓練になります。

左矢印のあとには、うまくいったと考えられる理由を書きます。

私がうまくいった理由は「冒頭に Yes/No 質問を行った」からでした。そのときは、プレゼンの最初のほうで、ある大事な統計を示したのですが、参加者に「あなたもそうですか？ (Yes or No?)」と Yes/No 質問を振ったのです。

フリーに質問をすると、場の雰囲気もあり答えにくい人がたくさんいますが、Yes/No 質問でしたら答えやすいからです。そのようにして冒頭の「つかみ」で参加者を巻き込み、参加者の問題意識を醸成できました。

つまり、「聞き手にプレゼンに集中してもらう」ために「プレゼンの冒頭に Yes/No 質問を振る」効果が 実体験で証明 されたわけです。

このように、成功の理由がわかると、それは **行動の動機づけ** になります。**自分の成功体験つきでその理由がわかった**わけなので、次もやってみよう！という動機が芽生えますよね。

このように、1つの成功体験に対し、**左矢印のあとに続く理由を「3つ」**考えましょう。これで1行英語日記から3つの英語表現が「派生」します。

ノートに「左矢印 (←)」を書き足し、理由をさらに考えていきます。

次に私が付け足したのが「大事な内容の直前に3秒沈黙する」でした。プレゼンの中で聞き手に知ってほしい大事なスライドが登場する直前に、思い切って3秒沈黙してみるのです。すると、「あれ？どうしたのかな？」と聞き手の注目が集まります。

ここまでで、2つの理由が考えられました。

でも、最後の3つめの理由がどうしても思い浮かばない……。そんなこともよくあります。そんなとき、もう1つ使えるツールがあります。

●右矢印のあとに「アクション」を書く

登場するのがもう1つの矢印。「右矢印 (→)」です。

右矢印は「次に○○をしてみよう」という提案を表します。つまり「あなたの次のアクション」を書くのです。これは英語の「Then（それから）」「So（それで）」を意味します。

例えば、「先輩にプレゼン成功の秘訣を聞く」といった、次にとるべき行動を考えて書き込みます。

→ Learn the secret key to make good presentation from my senior
（先輩にプレゼン成功の秘訣を聞く）

　こうして、先輩から秘訣を聞いて実行した結果、3つ目に私が
付け足したのが「締めにまとめを入れる」でした。

← Summarize the conclusion at the end of presentation
（プレゼンの締めにまとめを入れる）

　プレゼンの最後に、今日話したかったポイントをサマリーして
聞き手に伝えることで、聞き手の頭の中が整理され、プレゼン後
の議論や質問が活発になったのです。
　これで、1行英語日記が完成です。

The audience focused on my presentation
← Ask Yes/No questions at the beginning of presentation
← Keep silence for 3 seconds before presenting main slides
→ Learn the secret key to make good presentation from my senior
（※左矢印を書き足せるよう下にスペースを入れておく）
← Summarize the conclusion at the end of presentation

ノートに「理由を３つ」まとめる理由

　では、なぜ理由を３つ書くのがよいのでしょうか。そのポイントは、３つあります。

① 頭の中に整理しやすい数
　　→記憶定着力が高い
② ポイントが絞られることで行動しやすくなる
　　→行動力がアップ
③ 選択肢を複数持てる
　　→変化に対応でき状況に応じて使い分けられる

　同じような場面に遭遇したときにこの３つを駆使すれば成功体験を再現できるのです。

　前項であげたように、プレゼンがうまくいった理由が「Yes/No質問する」の１つだけだと、うまくいかなかったときに他の策が打てません。でも、３つあればさまざまな状況に対応することが可能になります。

　つまり、３つの理由を考えるのは、いかなる状況でも対応できる成功法則を作ると同時に、それを最も定着しやすく、実行しやすい最小限の形にまとめることなのです。

　ここで、「わざわざ右矢印で次の行動を促さなくても、もっと考えればなにか３つ目の理由が思いついたのでは？」と考える方

も多いかもしれませんが、私がその方法をあえてとらないのは、あくまで「実践から勝ち取った、実体験ベースの成功法則」を重視しているからです。

例えば、

→ Speak in a large way at the presentation

(プレゼン中に大げさに話をする)

という方法で聞き手は集中してくれるのでは？と思いついたとします。でもこれは自分の成功体験ではなく、頭の中で思い描いたことに過ぎません。同様に、書籍などで推薦される方法がいくら優れていても、その時点では自分の「実体験」にはなっていません。性格やスキルと相性が合うかどうかがわからないのです。

そこで、「右矢印 (→)」を書いて「次回のプレゼンで大げさに話をする」と書き、実際に行動してみます。つまり、次の行動で「実験」してみるのです。

これがうまくいってはじめて、成功体験として「左矢印 (←)」を加え、ノートに 1 行記入します。つまり、左矢印に書き加える前に、実験して成果を確かめるというワンステップが挟み込まれるのです。実験前に書いた「右矢印 (→)」を「左矢印 (←)」に書き換える形でもかまいません。

そのように「実験」した結果、「大げさな話をする」のは、性格やスキルに合わずうまくいかなかったものの、「表情豊かに話をする」ことでプレゼンがうまくいったとします。実際のノートはこんな感じです。

```
The audience focused on my presentation
← Ask Yes/No questions at the beginning of presentation
← Keep silence for 3 seconds before presenting main slides
→ Speak in a large way at the presentation
← Speak with great expression at the presentation
  (プレゼン中に表情豊かに話をする)
```

こうやって、新たなミニサクセスストーリーがどんどん生まれていきます。こうしてノートに蓄積された成功体験が、「虎の巻（成功マニュアル）」になります（詳しくは Part5 で説明します）。

これらはすべて、実際に経験した「成功体験」です。だから、同じような状況のときにそのノートをさらっと読み返せば、そのシーンを思い出しながら、その成功体験を「再現」することができるのです。

小さな成功体験の積み上げは、あなたの確実な成長、そして自信につながります。英語ノートにおいて、書ける英語が次第に増えていくとき、そして単語が徐々にハイレベルなものになっていくときにあなたが感じた「達成感」と同じです。その体験によって、さらに継続したくなるモチベーションが湧いてくるのです。

1行英語日記で鍛える
「ロジカルシンキング」

　この1行英語日記を続けると、「ロジカルシンキング」になる
というメリットもあります。日本語でいえば「論理的思考」です。
　ロジカルシンキングは、<u>もともと言語がロジカルにできている
英語において、確実に身につけておきたい基礎スキル</u>です。1行
英語日記でロジカルシンキングを養うことが、英語力も強化する
ことにつながるわけです。
　ロジカルシンキングには細かい技術はいろいろありますが、「<u>3
つのポイントで論点を整理できればOK</u>」と考えてください。
　プレゼンの冒頭などに、「ポイントは3つあります」というフ
レーズを挟んでうまく話をする人がいますよね。あの要領です。
英語で仕事をすると、こうしたシーンが頻繁にあります。
　先ほど、「成功の理由」を3つにまとめることをお話ししました。

The audience focused on my presentation
　　(聞き手が自分のプレゼンに集中した)
← Ask Yes/No questions at the beginning of presentation
　　(プレゼンの冒頭に Yes/No 質問を振る)
← Keep silence for 3 seconds before presenting main slides
　　(大事なスライド説明の直前に3秒沈黙する)
← Summarize the conclusion at the end of presentation
　　(プレゼンの締めにまとめを入れる)

「聞き手を自分のプレゼンに集中させる秘訣って何かある？」と
あなたが誰かに英語で相談されたとします。すると「ポイントは
3つありますよ」と、ノートを参照しながらでもこの3つを「す
ぐに提示」できるようになります。あなたの実体験に基づいた、
しかも短い文章だから、1行英語日記を続けることで質問された
内容に英語で簡潔に答えることができるようになるのです。

　例えばこれを英語で表現すると

First of all, you ask YES/NO questions at the beginning of presentation
（1つ目は、プレゼンの冒頭に Yes/No 質問を振ること）

Secondly, you keep silence for 3 seconds before presenting main slides
（2つ目は、大事なスライド説明の直前に3秒沈黙すること）

Lastly, you summarize the conclusion at the end of presentation
（最後は、プレゼンの締めにまとめを入れること）

　と、その後は実体験を交えて、説得力のあるストーリーを展開
することができます。なぜならあなたの1行英語日記には他にも
豊富な「1行英語」が蓄積されているはずだからです。

Because you can understand the expectation of the audience
by asking YES/NO questions easily.
（なぜなら、YES/NO 質問で聞き手の期待を簡単に理解できるからです）

If you suddenly ask "open questions" to the audience,
they will be confused

(もしいきなり自由に回答してもらう "open questions" をすると、聞き手は
戸惑うでしょ？）

**When I made a presentation to a customer with the questions,
I could understand their issue at first**

(あるお客様にそんな質問をした時に、彼らの課題を最初に理解すること
ができたのです）

　どうでしょう？（ここで例示している英語のほとんどは中学英
語レベルで書いています）

　これはすでにおわかりのように、1 行英語日記から情報を引き
出しただけです。「感覚」や「思いつき」ではなく、根拠を実体
験で話せる状態 にあるからこそ、広がるし、伝わるのです。

　結局はこうした長い表現も、1 行表現を順番に並べるだけです。
慣れないうちは、ノートを見てカンニングしながら言葉をつない
でいってもいいのです。

「感覚」や「思いつき」ではないということとは、「自分が考え
ること、言うことがブレない」とも言い換えられます。

　つまり、1 行英語日記に「なぜなら？」を 3 つ整理しながらノー
トに書いていく習慣をつけていく中で、自分の考えが整理され、
一貫性を持ち始めるのです。

　だから、あなたの 1 行英語日記に毎日書き込み、3 つの「理由」
を考えていくことは、ロジカルシンキングを強化する非常によい
訓練になるのです。

ロジカルシンキングの実践力を高める

ロジカルシンキングについてもう少し補足します。

例えば、プレゼンテーションの構成は「序論」「本論」「結論」の3つに分解できます。これは MECE の状態といいます。これは、

・Mutually Exclusive: 相互に排他的で
・Collectively Exaustive: 全体集合として漏れがない

の意味です。要は **重複なく、漏れなく** という意味です。

つまり、1行英語日記に添える3つの「理由」に重複がなく「MECE」の状態になっていれば、非常にロジカルになる というわけです。

考えを MECE にするコツは、**要素を分解（因数分解）すること** です。

先述の例だと、

```
The audience focused on my presentation
← Ask Yes/No questions at the beginning of presentation
← Keep silence for 3 seconds before presenting main slides
← Summarize the conclusion at the end of presentation
```

これを意識しながら、成功の「理由」を

・**1. 序論**：プレゼンの冒頭に Yes/No 質問を振る
・**2. 本論**：大事な内容の説明の直前に3秒沈黙する

・3. 結論：締めにまとめを入れる

　といった感じで、重複なく、漏れなく整理していくのです。
　もし考えに過不足や重複があったら、相手から
「この視点が不足している（論点の漏れ）」
「あなたが話している内容は冗長でわからない（論点の重複）」
　と突っ込まれてしまいます。
　ですが、論点を分解しながら MECE で考えれば、重複も漏れ
もない 3 項目ができあがります。
　こうしてできあがった成功の秘訣をまとめたものを「虎の巻」
と呼んでいます（Part5 で詳しくお伝えします）。
　ＭＥＣＥはロジカルに物事を考える際にぜひ頭に置いておきた
いポイントです。グローバルの企画書やプレゼンテーション作成
にぜひ身につけておきたいスキルですので、1 行英語ノートを駆
使しながら自然と身につけていきましょう。

　こうしたロジカルな考え方は、あなたの頭の中で完結するだけ
でなく、人に話をするときにも効果を発揮します。
　そのために必要な技術を、次ページでお伝えします。

1行英語日記で「ストーリーテリング」が上達

「ストーリーテリング」とは、「ロジカルシンキング」に対する「ロジカルプレゼン」ということができます。

　1行英語日記にまとめた3つのポイント（成功パターン）は全て自分の体験に基づくものです。だからその理由を聞かれても、実体験ベースでいかようにも答えられますよね？

　特に、**英語でのプレゼンテーションにおいて、「実体験で話せるようになる」ことはとても重要**なことなのです。

　例えば、「聞き手を自分のプレゼンに集中させるコツは質問をすることです」とあなたが淡々と言っても相手に響きませんよね。多くのプレゼンターは「実体験」で話をしていません。だから話が単なる一般論に聞こえてしまいます。

　プレゼンテーションの勉強をして方法論を身につけても、「実体験」つまり中身がないと、いまいち聞き手の反応が薄いのです。

　では次のように話をしてみるとどうでしょう？

We should ask YES/NO questions at the beginning of presentation
（プレゼンの始めに YES/NO 質問をすると効果的です）

However I could not do so before.
（でも以前、私はそれができなかったのです）

I was so nervous during my presentation every time
（プレゼンの度にびくびくしていました）

Because I had never seen the reactions to my presentation
 from the audience.
（なぜなら、これまで聞き手が私のプレゼンに反応を示してくれなかった
 からです）
Then, I got a very good reaction from a customer when I
ask YES/NO questions
（その後、あるお客様に YES/NO 質問をしたらとても良い反応があったのです！）
I thought it was lucky.
However I got an another good reaction from the other
customer again with YES/NO questions !
（ラッキーだったのかなと思っていましたが、その次の機会にもほかのお
 客様に YES/NO 質問をしたら、再び同じような良い反応が生まれたのです）
Then I thought it was not just lucky, and I start to use YES/
NO questions as my key success pattern
（ここで、単にラッキーだったのではないと知り、YES/NO 質問を自分の必
 勝パターンにしています）

　このように、あなたの実体験ベースでストーリーで話すと、ぐっ
と話に厚みが出て、惹きつけられるのを感じると思います。
　ここで言いたいのは、1行英語日記を続けることは、あなたの
ノウハウを「ストーリーテリング」で説明できるようになること
そのものだということです。
　例えば、前回のノートで例示した「聞き手を自分のプレゼンに
集中させる3つのポイント」をもう一度例にあげましょう。

The audience focused on my presentation
← Ask Yes/No questions at the beginning of presentation
← Keep silence for 3 seconds before presenting main slides
← Summarize the conclusion at the end of presentation

　あなたの１行英語日記を読んでみると、それが
・どんなシーンで身についたものか？
・その前にどんな苦労があったか？
・それをどんな工夫で行動して成果につながったのか？
　が赤裸々に記録されています。

　しかも１行だから、後日振り返るのも簡単です。プレゼンの前にさっと見返して何度でもその方法を使えるのです。そしてそれを部下や同僚などにシェアして共に成功に導くことも可能になります。あなたの体験によって、「伝わる」話になっているからです。

　日本語で行っても効果はありますが、１行の英語にすることで、英語学習の時間にもなり、端的に伝える訓練にもなります。

●3STEPで「ストーリーテリング」を実践

　では実際に、あなたの１行英語日記をもとに、ストーリーテリングを実践してみましょう。

　シーンを思い出しながら、
「 聞き手を自分のプレゼンに 集中させるポイント 」
　を以下のように話してみてください。

【１：まず「３つのポイントがある」と言う】

♟- I am going to cover 3 points today.

→ すると聞き手は3つ出てくると期待してくる

【2：結論を言う】

「1つ目は……」「2つ目は……」「3つ目は（最後は）……」という要領です。

♟- First of all..., Secondly..., Thirdly/Lastly...

【3：それぞれのポイントについて自分の実体験を話す】

　続いて効果的なストーリーテリングに役立つ「STAR」というテクニックについて、お話ししましょう。

●1行英語日記が面接で役立つ「STAR」の実践に

「STAR」は、以前アメリカでマネジメント研修を受けたときに学んだ面接のテクニックです。

　自社で活躍できる人材を効率的に採用するためのインタビューの技術で、日本以上に人材の流動性が高いグローバルビジネスの世界で発達した技術です。

　STARとは

・Situation（状況）
・Take Action(アクションを実行する)
・Result（その結果どうなったか）

の頭文字で、応募者の履歴に書かれた成果が自社で通用するも

のなのか、面接で効果的に検証する方法論です。

　私は STAR を駆使して、これまで 100 名近くを自部門で採用してきました。例えば、以下のような場面を想像してください。

　金　田：過去の経歴について説明してください
　応募者：A 部で売上目標を 100％達成しました
　金　田：他には？
　応募者：B 部でも売上目標を 100％達成しました
（実績が豊富なのは素晴らしい。採用！）

　STAR の手法ならば、同じ場面がこう変わります。

　金　田：過去の経歴について説明してください
　応募者：A 部で売上目標を 100％達成しました
　金　田：その中で**一番辛かったときはどんな状況**でしたか？
　応募者：大事な契約が予定通りにできなかったときです
　金　田：**具体的にそのときどんな行動をとった**のですか？
　応募者：とにかく相手先に通い続けました
　金　田：（ん？）悪くないけど、もっと工夫がなかったのかな？
（うーん、慎重に採用を検討したほうがいいな……）

　このように「結果 (Result)」だけでなく「状況 (Situation)」と「行動 (Take Action)」を聞くことで、彼がどんな「状況」でどんな立場にあってどんな「行動」をとって克服したのか、その「結果」がたまたまなのか、再現できるのか、さらには、その人が自社の

文化に合うかどうかを捉えられるのです。

視点を変えて面接を受ける立場で考えると、**STAR は、あなたの強みや実績を効果的に相手に伝える技術になります。**

例えば、先ほどの面接の例なら、応募者がこんなことを言えれば理想的です。

・状況説明 (Situation)

大事な契約が予定通りにできませんでした。あのときは目標達成率が 90% で、この契約で 100% いくかどうかという状況でした。期末でギリギリの状況でとにかく 100% にこだわりたかったのです。先方は意思決定が遅いお客様ですごくハラハラしていました。

🧑 - An important contract could not be made on schedule.

At that time, my target achievement rate was 90%, and it was the situation of whether it would be 100% with this contract.

I just wanted to stick to 100% achievement in the last minute situation at the end of the fiscal year.

It was very harassing for me with the customer who made decisions late.

・行動説明 (Take Action)

そのとき、大きく 3 つのことを心がけて、協力チームと行動しました。

1 つは・・・、2 つは・・・、3 つ / 最後は・・・

👤 - At that time, I kept in mind 3 things and acted with my team members.

First of all..., Secondly..., Thirdly/Lastly...

・結果説明 (Result)

　結果、売上目標を 100% 達成し、その 3 つのことを B 組織でも生かし、さらに売上目標が大きくなっても 100% を達成しました。

👤 - As a result, I achieved our sales target 100%

and made use of these 3 things in our B organization,

and they also achieved 100% even in their sales target increased.

　言い換えると、STAR で実績を説明すると相手に効果的に伝わるということです。

　これを 1 行英語日記に照らして考えると

・状況 （Situation）：日付とシーンで記録

・行動 （Take Action）：成功ノウハウを記録 (矢印)

・結果 （Result）：成功体験を記録

　となります。

　つまり 1 行英語日記を書くことが、自然と「STAR」の実践になっているのです。

　この能力が、転職や昇進昇格面接といったキャリアアップにも

そのまま活かせます。

●1行英語日記の継続で「目に見えて」自分の成長を確認

　私はこの「1行英語日記」を10年以上続けています。

　毎日繰り返しノートに1行英語日記を書き、定期的に読み返すと、自分の成長の度合いを目で見て把握することができます。ノートの振り返りを通して、評価・改善・計画・実行といった良いサイクル（PDCAサイクル）を作り出すことも可能になります。

「簡単」に振り返ることができる（読み返すことができる）ことも、1行英語日記をおすすめする理由の1つです。1行ベースなので1週間分の蓄積されたノートを英語学習用に復習するのがとても楽なのです。

　最初の頃は、1行すらノートにまとめる余裕がなく、日本語が入り混じった解析不能な内容でした。それが数日、数ヶ月と経て何となくわかるような単語の羅列に変わり、段々とビジネス現場で使われる頻出単語が増え、3ヶ月もする頃にはノートに占める英語の分量が圧倒的に増えていったのです。

　これは、モチベーションを上げつつ英語学習を続けていくために、非常に大切なことです。繰り返しますが、成長の実感が持てないと、継続することが困難だからです。

　これを1年でも10年でも継続していくと、相当な英語表現を蓄積でき、それを職場で再現できるようになります。

　日に日に**ビジネススキルが上がり、英語表現が豊かになり、自分がやれる仕事のスケールが大きくなっていく**のです。

　1日1つ、小さな成功体験をノートに記録し、継続すること。それはとてつもないあなたの財産です。

Part5 海外編： 1行英語ノートが 海外出張をサポート

「海外出張なんて他人事」ではない

●英語がいかに大切なのか？

　海外で仕事をすることが当たり前の時代と聞いても、イメージがなかなか湧きにくい方も多いのではないでしょうか。どこか夢の世界のことのように思えたり、他人事のように感じている方も少なくないかもしれません。

　海外で英語を使うための準備をお伝えする前に、ここで「英語がいかに大切なのか」私が身をもって体験した入社当時のことを少しお話しさせていただきます。きっと、いかに私が英語と無縁の生活を送っていたか、そしてそんな私が突然英語の世界に放り込まれた苦労がおわかりいただけると思います。

　就職活動を意識し始めた大学生のころ、東大や慶應に通う私の友人たちは積極的に OB 訪問を開始しました。当時、グローバルな舞台で仕事がしたいと考えていた私は商社を始めとする企業に就職活動をしていました。しかし、私の大学には OB がとても少なく、なんとなく彼らとの隔たりを感じたのです。

　そこで学閥がなく実力主義の外資系企業へ就職することを決断し、外資系最大手 IT 企業 SAP（エス・エイ・ピー）という会社に入社をすることにしました。SAP はドイツに本社がある企業向けソフトウェア業界でのマーケットリーダーです。

　もちろん学閥がないということだけが外資系への就職の決め手になったわけではありません。スポーツ界で、いきなり海外のク

ラブチームに飛び込む例を見ますが、それに近い感覚で、**とにかく「グローバル」の世界観を見てみたい**、という思いがありました。きちんとした英語学習は高校受験でストップし、大学で最初の１年間授業を適当に受けた程度で英語に全く自信がなかった私が、です。

「結果主義」という外資系企業特有のあり方も私にとっては「皆に平等に与えられたチャンス」のように感じられ、とても魅力的だったことも大きな理由の１つです。こうして私は SAP への入社を果たし、「グローバルな舞台で活躍し、バリバリ働くぞ!!」と思っていました。しかし、現実はそんなに甘くありませんでした。私はそのとき現実を突きつけられることになったのです。

●開始早々５分で撃沈

外資系企業に入社したにも関わらず、私が配属されたのは国内向けのマーケティングをおこなう部署でした。私はそこで日本人に向けたセミナー運営を担当しました。

本社から送られてくるメール以外は全て日本語。

いわば英語とは縁のない生活を送ることになったのです。

同じ部署に外国人が２名いましたが、日本語が流暢であったため、彼らとのやり取りも、メール以外基本的には日本語でおこなっていました。

メールについては、漢字が難しいという理由から英語でしたが、それだけでも当時の私にとっては自分宛てにナマの生きた英語でメールが来たことにビックリ。一所懸命英語を読み、ちょっと気の利いた返事を返すことに必死でした。

「うさぎとかめ」という童話がありますが、当時の私は、まさに「かめ」そのもの。たまに送られてくる英語のメールに対して、時間がかかっても必死に辞書で調べて返信を書く毎日を送っていたのです。

　忘れもしないのが、入社2年目にアメリカ人（アプリケーション開発責任者）に対して英語の企画資料を持って上司と説明に行ったときです。

　必死に内容を暗記して本番に臨んだのですが、いきなり

「この企画の骨子を教えて (What's your point?)」

　と言われて頭が真っ白になりました (いきなり想定外)。それ以降はこんな流れです。もちろん、かなりカタコトの英語でした。

♟ - Thank you for your time.

　　（今日はお時間いただきありがとうございます）

♟ - I will try my best to explain the plan.

　　（今から15分で企画を説明します）

"try my best"と言っている時点ですでに弱気ですね。

OK. I am happy to discuss your plan. - ♟

　　（OK、ディスカッション楽しみにしているよ）

ここで、緊張のボルテージ全開！

♟ - This plan is about ○○.

　　（今回の企画は○○についてです）

　英語が変ですが、順調な滑り出しです。

♟ - Before going through the plan, I will introduce my self.
　　I work for marketing and my responsibility is promotion,
　　then I think..
　（まず、企画に際して簡単に私の自己紹介をすると…私はマーケティング
　　に所属していて新サービスを市場に伝えなければならないのですが…）

　緊張して脱線しています。頑張って暗記どおりに戻さないと…
　ちなみに " my responsibility is promotion" は、「私の責任は昇進
すること」ともとられるので微妙な表現です。

　- So what your point ? - ♟

♟ - ....　（沈黙）

※ ゴング…ここから上司が私に変わって企画を説明

　トップの人は、ダラダラと話されるのが嫌いなのです。だから
目的や結論を、冒頭にぱしっと、簡潔に話さなければなりません。
結局、冒頭の自己紹介すらできずに上司に代わって説明しても

らったという、とても恥ずかしく、また悔しい経験をしました。

　そんな私をあざ笑うかのように、帰国子女など英語ができる人たちは、同期であっても英語会議に出席したり、海外への出張を任されたり、挙句の果てには社内でも外国人とペラペラ楽しそうに会話をしたり……

　私は圧倒的な差を感じました。

・英語ができないと仕事ができない！
・英語ができないと仕事がもらえない！
・英語ができないと出世できない！！！
・英語ができないと何のアクションも起こせない！！！！

　それが20代前半の当時の私が痛感したことです。

●「一発」で次の活躍のチャンスを失う

　グローバル化の波は急速に進んでいます。英語の需要は増えていくばかりです。

　せっかく自分に訪れたチャンスを、英語ができないという理由だけで逃してしまうことになるのです。私の事業部門でも部下に海外出張に行かせる機会をたくさん作っているのですが、ここで英語ができる人と、できない人で出張の成果が大きく分かれます。

　前職も現職でもそうですが、海外出張を部下に打診するとものすごく喜びます。でも、現地でまともな会話もできず、報告もできず、大恥をかいて、暗い顔をして帰国してくる人が多い。

で、そういう部下の話を聞くと

「英語をもっと勉強しておけば良かった」

「これから死ぬ気で英語を勉強します」

とほぼ必ず言ってきます。その時は、

「次はがんばってね」

と優しい言葉をかけてあげますが、現実は違います。

本人は悔しい思いをして敗者復活戦を狙ってきます。しかし、上司の立場からすると一度そんなレベルの低い成果を持ってきた時点で次の出張の機会を与えることに躊躇してしまいます。

●チャンスの神は前髪しかない

なぜなら英語もろくにできない部下を海外に派遣しても、コスト（予算）に見合ったリターン（成果）がないからです。

エコノミークラスで計算してざっくり往復25万〜40万円。日換算で5万〜8万円。加えてホテル代で1日に1万〜2万円。それに日給分と日当。1人の出張に対してこれだけのコストがかかるのです。

せめてそれくらいのアウトプットは意識して頑張ってほしい。本人が次に行けたとしても、上司が同行するか、英語ができる人をその人に同行させるか、もっと無難な海外出張に回す。その人しかできない仕事内容だったらやむを得ず通訳を用意する……

結局、本人にとっての「次」は想像以上に英語が話せない状況にならざるを得ないのです。

ハードルはますます上がります。つまり、<u>海外出張をなめていたら、「一発」で次の活躍のチャンスを逃すこともある</u>のです。

「いつか英語ができればいいや」とダラダラ考えている人は、そのほとんどが英語で仕事をするチャンスを逃すでしょう。

「いつか英語ができるようになろう」と漠然と考えている人が多いのです。

つまり「期限」を切って集中していない。だから、突然出張の機会が来たらそのチャンスを逃してしまう。「チャンスの神は前髪しかない」のです。

~ チャンスの神は前髪しかない ~

「チャンス」を意味する名を持つギリシャ神話の神・カイロスは、前髪が長く、後頭部に髪がない男性神として描かれています。そこから、「好機は突然現れ、すぐに捉えなければあっという間に過ぎ去ってしまう」といった意味で、「チャンスの神は前髪しかない」という言葉が使われるようになったのだとか。

●英語ができずに苦労したこんな話

ほかにも、部下のこんな失敗話を聞いたり、現地で以下のような状態を目にしてきました。

- 空港に着いて、出国手続き・荷物受け取りがうまくできず、上司を出口で待たせる (いきなり冷や汗)。

- その後、タクシードライバーに行先をうまく説明できず、「どこに行きたいの？」と聞かれあたふた。上司はイライラ。

- 気合を入れてアポ先の会社に行ったものの、肝心の受付でア

ポがうまくできず遅刻。「誰」と「何の目的」で打ち合わせ
をするかうまく説明できず。本番前に冷や汗。

- 名刺交換の際に気の利いた言葉が言えず、相手に「堅苦しい
  人」「ぶっきらぼうな人」と思われて、序盤から印象を悪く
  する。明らかに相手の表情が硬くなる。(日本だと、部署名・
  会社名を読み上げるだけでもよいが、海外はそうはいかない)

- プレゼンをするも、英語が冗長(日本人の英語によくある傾
  向)。結果、プレゼンの時間を大幅にオーバー。議論が少な
  くなった分、報告する内容も薄くなる。結果、まともな報告
  ができない。

- ディナーをネットで予約(日本語サイト)。上司やお客様がそ
  のお店を気に入ってくれず、急きょ現地でお店変更。電話が
  うまく通じず、予約がスムーズにできない。

- 打ち合わせ内容の報告書を書くも、論点が全然整理できなく
  て深夜まで作業。現地でのご飯にあやかれずルームサービス
  で済ませる羽目に……

　この本で紹介するメソッドは、こうした海外出張初心者にあり
がちな失敗を防ぐのに役立つだけでなく、英語に自信のある人を
さらに高みに連れていく効果もあるのです。次のページで、詳し
くお伝えします。

さらなるブラッシュアップに効くノート

　ノートを使った英語学習の効果は、初心者だけでなく、経験者がブランクを埋めるのにも役立ちます。

　舞台は、私がはじめて海外出張してから 10 年以上経った頃、2018 年の NY の経営会議に移ります。

　私が現在の職（外資系企業の日本法人社長）に転職した初日、社内のメールアカウントもろくにないような状況でアメリカ、イギリス、オーストラリアの**英語ネイティブスピーカーのエグゼクティブ達の輪に投げ込まれました。**

　想像がつくと思いますが、とにかく彼らは、**会話のスピードが速い！** そこにいる人の多くはアメリカの中でも特に会話のスピードが速い NY の人たちです。

　単に速いだけでなく**内容そのものも、端的**なのです。

　例えば、メールやメッセンジャーの会話にしてもそう。

　日本の感覚だと、例えば情報共有の際

「先日は会えて楽しかったです。

　お時間いただきありがとうございました。

　さて本題ですが、先日お話した資料が

　このフォルダに入っているのでご査収ください。」

　こんな感じのメッセージを送ることってよくありますよね。

　一方、NY では。

「Hey, share the folder」 以上です（笑）！

　会話の前段部分を端折って「要は」以下の部分だけで会話しているというニュアンス。

　これは、経営会議での会話も同じです。

　この感覚が「常」にあり、会議での口頭の発言においても無駄がないのです。

　つまり、超重要な部分だけが早回しで展開されていく……

　濃度の高い会話だから当然、聴き取りの難易度＆重要性はアップします。

　その会話がアメリカ人、イギリス人、オーストラリア人といったネイティブの手加減なしのスピードで繰り広げられる。ノンネイティブは、私だけ。これは、本当にキツかったです。

　私が現在の日本法人社長としてヘッドハンティングされる前の5年は、日系企業で働いていたため、日常的には英語を使わない環境で過ごしていました。

　前々職のSAPジャパンでも、ドイツ人や中国人など英語ノンネイティブの人も多くいる会議が普通で、英語ネイティブの人達は気を遣って言葉をわかりやすく変えたりスピードを落として会話してくれることが多かったのです。

　あなたも、日本人同士の会話の場に日本語があまり話せない人が入ってきたときは簡単な単語を使ってゆっくり話しますよね。

　でも、今度は完全に、手加減なしの現地語の世界。
『24』のようなドラマに出てくるスラング的言い回しもバンバン出てくるわけです。日本でいえば「なる早で」のような、よく使われるけれど辞書には載っていない単語も出てきます。

　もちろん、普通のビジネス用語や固有名詞1つとっても聞き慣れないものが山ほど。

　日本語の会議だったとしてもメモをとることは山のようにあるのに、こうした単語を蓄積するメモも必死でとらなければなりません。その間にも、会話は流れていく……。

　これは転職してオフィスにやってきた初日の出来事です。

　ただでさえ5年ほど英語のブランクがある上にこの状況はかなりシビアです。英語での仕事には相当慣れていたつもりの私でしたが、こんな体験は、実ははじめてでした。ある種の孤独感です。

　これでもラスベガスの国際会議でプレゼンしたり、パネルディスカッションで登壇したり、グローバル企業のエグゼクティブ達とたくさんの商談をしてきました。

　しかしグローバル企業の本社で経営に携わるのは今回が初。ネイティブと対等に扱われたときにはじめて味わう苦労です。

　ノンネイティブが自分だけで、すがるところもなく、同じ悩みを持っている人は誰もいない……。

　しかも、今度は日本代表という立場です。英語云々以上に結果を出さなければなりません。だから来月といわず、数日でこの状況にキャッチアップしなければなりません。

　そこで私を救ってくれたのが本書でお伝えしている「1行英語ノート」でした。

●シーンを絞ることで一気に回復

　さて、先ほどの会議から2、3週間。どうなったと思いますか?

　まず、ご想像のとおり、耳が一気に慣れてきました。

　NY、オーストラリア、イギリスの英語が同時中継で流れる日々です。例えば「today」をオーストラリア人は「トゥダイ」と発音したり。いろんな発音がすさまじいスピード感で流れ込む中、徐々に、そのサウンドに慣れてきます。

　なぜなら、会社の会議はシーンがもともと絞られているから、議論をある程度想定できるのです。

　これは本書の Part1 でお伝えした「シーンを絞る」という鉄則そのものです。入社初日の NY での経営会議と違い、その後はある程度議論を想定してノートに準備して臨みました。

　非常に苦戦をした初日の経営会議でしたが、単語をたくさんノートにメモしておいて、その後も繰り返しそのメモを振り返りました。

　これを会議のたびに繰り返すことで既知の単語が増えていきますよね。

　そして、会議自体も 2 回目になると、前回と重複する要素があるので、ある程度会話の内容が自分の中に蓄積されています。

　1 回目は何の話か想像できなくても、2 回目以降は同じテーマや単語が出てきますし会話のパターンが見えてきます。

　ネイティブの中に、ノンネイティブの自分が 1 人という状況も周囲の会話のスピードやレベルも前回と変わっていません。でも、会話を聞き取れるようになっている。

　これはまさに本書で繰り返しお伝えしてきた通りです。シーンを絞って一点突破で単語を増やしていったことで短期で集中的に英語が身についたのです。

　シーンを絞ること、あるシーンに特化して英語を覚えることは、効率よく英語を学ぶうえで非常に重要なことです。

　経営会議、営業会議、業務オペレーションの会議など、転職してからいろいろな会議がありました。

　でも、どの会議でも特定のテーマが繰り返しとりあげられ、同じ単語がまた次の会議に出てくるという状況は、同じです。

　日々の業務で「ジャンルを絞る」ことを繰り返すことで、一気にキャッチアップができました。

　英語ノートは英語初心者だけでなく、英語に慣れた人の相当タフな状況にも応用できると身をもって実感した出来事でした。

　こうして、完全ネイティブの英語に慣れてきた今、NY での入社初日が嘘のように発言しています！

　最初の経営会議ではこれは本気でまずい、という強烈なプレッシャーがありました。

　でも、今まで蓄積してきたノートがあったから、困難な状況でもいつもの自分のメソッドを思い出すことができたのです。

　シーンを絞ることで、どのレベルでも英語力は高められる。

　みなさんにも、今一度強くお伝えしたいメッセージです。

出発前の準備ノート

　ここまでの話でたっぷりと「英語ができない！」人が海外出張で味わう苦労を追体験していただけたことと思います。

　本書では、みなさんがそんな思いをしなくて済むよう、英語が全くできなかった私が、その後十数年を経て英語でバリバリ仕事できるようになるまでの方法を、余すところなくお伝えします。

　以下のページでは、
「出発前の準備ノート」
「商談や会食のシミュレーション」
「効果的な会社への報告」そして「復習」
　このポイントに絞って、あなたのはじめての海外出張をサポートします。

●事前のノートの「仕込み」

　言葉の壁があるので、日本ならその場しのぎでなんとか乗り切れる場面も、海外ではそうもいきません。

　言葉のディスアドバンテージを考慮し、事前に日本で仕込んでおくべき準備があります。

　まず知っておきたいのは、**日本と海外では、会議の目的が大きく違う**ということです。

　日本の会議の多くは、既定事項の報告やディスカッションとい

186

う形式をとりつつも、実態は決まったことに対しうなずくだけということは少なくありません。つまり「報告ベース型」の会議が多いといえます。

対する海外は、「ディスカッション型」の会議がメイン。異なる意見を出し合いながら、結論まで持っていくというタイプの会議が中心です。おのずと、ディープなディスカッションが多くなり、より主体的な姿勢で関わる必要が生じます。また、目的をしっかりと明示する会議が多くなります。

つまり、単に英語の対策をするだけでなく、こうした方向性の会議についていけるような準備が必要になるのです。

そこでぜひ準備しておきたいのが、ノートに会議の目的を「英語で」まとめておくことです。

特に自分がリードすべき会議では、これはマストです。そのうえでポイントとなるのは、以下の3点です。

①会議の目的を英語で書いておく

今回の会議はなんのためにおこなうものなのか、日本語ではなく英語で書いておきます。

「契約の締結」（sign off the contract）
「新規事業の開発」（develop a new business）

例えばこのように書いておくことで、会議冒頭から常に成果をイメージした会話ができ、相手に引きずられることが少なくなり

ます。

　また、絶対に伝えなければならないキラーフレーズも、その場で使えるようにノートに書いておきましょう。

「今日の打ち合わせで正式な契約を結びたいと思っています」
(I would like to sign off the contract at the meeting today)
「御社の既存顧客は、この新規事業によって10%増加が見込めます」
(Your customer base will be increased by 10% with this new business)

　文章が難しければ、単語だけでもかまいません。

　日本にいるときにいくらそらんじることができても、いざというときに出て来なければおしまいです。あらかじめノートに仕込んでおけばあわてません。

②予測される結論を英語でまとめる

　仮のものでかまわないので、導かれるであろう結論や相手からの要望も箇条書きにしておきます。

「見積もりの提示」(quotation of the price)
「リスクの洗い出し」(clarification of risks/ identification of risks)

　このように程度の見通しを立てておくことで、当初の計画から会話がどのように展開したかを把握しやすくなり、会話の軸がぶれにくくなる効果があります。

③会議の参加者の名前を英語で書いておく

海外の人の名前は日本人には聞き慣れないため、覚えにくいものです。事前にスペルや発音がわかる場合（上司などが知っている場合や、メール等に書かれている場合）は、同じノートにメモしておきましょう。

可能なら部署や相手の立場、性格なども書き込んでおけるとベターです。

Bob : tall guy, friendly, Marketing Director

といった具合です。

名前が出て来ないばかりに会話のきっかけを逃してしまうこともあるので、重要なポイントです。

何度も繰り返しますが、**英語ノート術のメリットは、勉強中だけでなく、会議や商談などの現場でも、堂々と開いておける**ところです。これがカンニングペーパーになります。

準備しておかないと、言葉が出て来ず、落ちついて話せば出てくるはずのフレーズがさっぱり頭に浮かばないこともよくあります。

そこであらかじめノートに必要なことを仕込んでおけば、専門用語の英語はもちろん、相手の名前、会議の目的、話の方向性まで、必要なことが1つにまとまった状態を作ることができます。

これは英語のテキストを一夜漬けで読み込むことよりもはるかに実践度が高いのです。それに、英語のテキストは会議の場では開けません！

英語会議でのメモのとり方

「出発前の準備」ができたらいよいよ本番当日です。

本番を想像してみてください。相手も自分も英語で会話をする中、メモをとるとしたら……。あなたはそのとき、英語でメモをとるのでしょうか、それとも使い慣れた日本語でメモをとるのでしょうか？

正解は「**できるだけ英語でとる**」ことです。

書くことでディクテーション効果も期待でき、これ自体が英語の訓練になるからです。また、英語を日本語に翻訳していると、タイムラグが生じて会話についていくのが難しくなるのも理由です。

会議中のいろんな発言のキーフレーズを、<u>単語の羅列でもいいので英語で記録</u>します。きちんとした文章になっていなくてもOK。単語の羅列でも、後で読み返せばかなりの程度思い出すことができます。これは日本語のメモでも同じですね。

聞き取れなかった単語はカタカナで書いてもOKです。

それでもどうしてもついて行けなくなったら、日本語を交えて書きましょう。

もちろん、はじめから100％英語のメモをとることは難しいと思います。1割英語、9割日本語という状態から始めてよいのです。こうして意識的に英語でメモを続けていくうちに、あなたのノートは3割が英語、7割日本語という状態になり、やがては7割、8割、9割と英語になっていきます。

　ちなみに、現在の私は、約95％を英語でメモしています。残りの5％は、どうしても聞き取れなかった部分のほか、新しく出て来た専門用語などが占めています。

　こうして、**頻繁に出てくる単語や、新しく覚えた英単語を単語帳スペースに蓄積**していけば、出張のたびに実践的なフレーズが蓄積されていくことにもなります。

　これは、日本の仕事でとるノートにもぜひとり入れていただきたいメソッドです。

　取引先や社員との会話の中で、できるだけ英語でノートをとりましょう。そして聞き慣れないフレーズやよい言い回しを拾ったら、すかさず単語帳スペースに書き込むのです。業界用語や、魅力的な言い回しが埋もれることなく、後から簡単にピックアップすることができます。これが成長の大きな材料になるのです。

　そして、事後のメモも非常に重要です。

　私は「もっとこういう言い方があったかもしれない」「あのときこう言えば簡潔にまとめられたな」そんな感想を、会議や商談が終わったあとに、メモしています。この一連のメモが、**会議の記録であるとともに、次回へ向けた復習にもなる**のです。

　例えば、帰りのフライトで、映画を観る前にこのノートを開きます。それだけでもすごく効果がありますよ。

「自宅に帰ってからやろう」だと面倒でノートを開かないこともあるので、できるだけ帰りのフライトで復習まで済ませてしまうことをおすすめします。

英語商談のシミュレーション

　現在私は毎月海外へ旅立っています。1人で行くこともありますが、部下も一緒になることも。経験の少ない部下と行くときは自分がかつてそうだったように、緊張している姿を目にします。英語ができる上司がついてきたら、なおさらプレッシャーが募りますよね。

　はじめての英語商談で、よくある失敗パターンは以下のようなものです。

・商談で一言も話さない
・名刺交換のときに気のきいた自己紹介ができない
　（みんな口を揃えて "Nice to meet you, my name is..." と言う）
・打ち合わせの去り際で、気の利いたことが言えない
・大事なポイントをメモできない
　（そもそも、英語のメモがとれない！）
・だから、帰国後にまともな報告書も書けない

　ざっと挙げると、こんなところでしょうか。でも、心配いりません。どれも、事前の「仕込み」で克服できることなのです！

　まず、海外で最初に遭遇する「自己紹介」をとりあげます。
　名前しか言えなかったり、翻訳機みたいな自己紹介をしてしまうのではなく、せめて自分が何者かちゃんと言えるよう、今まで蓄積してきた気づきを共有しますね。

●名刺の渡し方は、世界共通じゃない！

頭の中で、日本での名刺交換をイメージしてください。

名刺入れから名刺を取り出し、頭を下げる。

相手の名刺が上になるように出し合って両手で受け取ったあと、名刺入れの上に置いたまま商談を始める。

こんな方法が思い浮かんだのではないでしょうか。

でも、これって、世界共通？　相手の名刺を上にする文化って、海外にもあるの？　気になりますよね。

まず結論から言います。共通のルールは、ありません！

両手で渡すのは、日本人だけ。受け取るときも、片手でOK。「Thank you」と言いながらカジュアルに受け取ります。名刺入れの上にうやうやしく名刺を置くのも日本人だけなんです。

海外では、日本人の文化を知っている外国人が唯一例外的にやる程度。

両手で受け取ってもらった瞬間に「ハハーッ」とおでこのあたりにおしいただくポーズがありますが、これも、すごく奇怪に思われます。

唯一日本と共通しているのは、複数の名刺を受け取ったあと、名前を忘れないように卓上に席順に並べることくらい です。

日本では、名刺が人の分身のように扱われます。でも海外では、単に名前が書かれた紙。コミュニケーションツールにすぎません。

日本では、名刺を床に落としたら「大変失礼いたしました！」と慌てるところですが、海外では「Oops!」程度で済ませます。

そもそも、名刺を渡すという一連の動作が、海外においては特に重要視されていません。

　それなのに、受け渡しを意識することに加え「英語で話さなきゃ！」と考えてしまう。2つのことを同時にやろうとするから、よけいに混乱するのです。

　海外で名刺交換をするときは、**日本の作法は一切忘れて OK**。

　片手で受け渡ししていいので、**名刺交換で「何を話すのか」、ここに全意識を集中**してください。

【実践編： 海外での名刺の渡し方】

　ポイントは、以下のとおりです。

(1) 名刺ではなく、相手の目を見る

　日本ではお辞儀をしつつ、名刺を見ながら受け渡ししますよね。この時点で NG です。名刺を見たままだと目線が合わないため、相手が不信感を抱くことがあります。海外では、**目線は「相手の目」に**！

(2) 渡す順番は意識しなくて OK

　日本では、必ず目下の人から目上の相手に渡しますが、海外ではあまり関係ありません。

　でも、自分が先に渡してマイナスになることはないので、ここは日本式と同じで OK です。

(3) 片手受け渡しで OK

　さきほどお伝えしたように、名刺交換そのものにさほど重要な意味はなく、単にネームカードという「もの」を渡すだけなので、両手でおこなう必要はありません（あえておおげさにやって

194

「Japanese style!」と一言添えて笑いをとりにいくのはありか
もしれません)。

(4) 握手しながら、一言添える

 (1) 〜 (3) までは単に動作を省くだけでよいので、さほど難し
くないでしょうが、この (4) のステップが、日本人には難しい
ところです。

　日本と違って、単に渡すだけでなく気の利いた一言を添えるの
が海外のスタンダードな方法です。受け渡しの瞬間つい黙ってし
まいますが、海外では違います。

　話しながら、渡す。

　渡したらソク握手。

　この流れは、ぜひ体を使って練習しておきましょう！上司や部
下、家族に練習につき合ってもらうのも効果的です。

👤 Thank you for making the time today!

　　（今日は時間をくれてありがとう）

👤 The weather is nice today, isn't it?

　　（今日は天気がいいですね）

👤 I read your news in the newspaper!

　　（この前の御社のニュース、新聞で読みましたよ！）

そんな具合のセリフから、スタートします。

ちなみに、相手が異性の場合も握手は発生します。流れも同じ。

ひるまず、握手してください。

【添える会話で使えるフレーズ】

　何も知らずにはじめて海外に行ったら、こんなふうに、なめらかに名刺の受け渡しはできません。やっぱり両手で受け取って「Nice to meet you」で始まってしまうはずです。

　まず（1）〜（3）の流れを体に叩き込んで、そのうえで（4）の会話の仕込みをしておいてください。

　その主なパターンは、以下の3つです。

1.「感謝」

- -I appreciate your kindness.

　（この前はありがとうございました）

- -Thank you for your time despite your busy schedule.

　（忙しい中時間を割いていただきありがとうございます）

　そんなふうに、何かしら「感謝」の気持ちを表現します。

　これは比較的日本でもあることだと思うので、ハードルが低く、やりやすい項目かと思います。

2.「褒める」

- - Your office seems so nice to work !

　（オフィスが素敵ですね）

♟- The facility of the meeting is modern and fashionable !

（会議室の設備が現代風でオシャレですね）

♟- This coffee is good !

（このコーヒー、とてもおいしいです）

このあたりも非常によく出てくる、おなじみのフレーズです。

でも、日本人にはちょっとハードルが高くて、なかなか口をついて出てこないかもしれません。

褒めることは基本的になんでも OK 。ただ、服装は（特に相手が異性の場合）トラブルになることもあるので、避けるのが無難です。オフィスのある街を褒めるのもいいし、会社のエントランスや廊下の展示物など。もちろん、相手の会社や事業についてのコメントでも OK です。日本ではちょっとクサイと思えるくらいでちょうどいいでしょう。

3.「ユーモア」

ユーモアといっても、芸人みたいなネタを仕込む必要はなくちょっとしたことでいいのです。

特にやりやすいのは**自分の名前をネタにする**こと。

私の場合、いつもパターン化しているのですが

♟-　I'm Kaneda. It sounds like "Canada"

（「金田」と申しますが、発音が「Canada」に似てるんですよ）

　こう話すと大概ひと笑いあって、みんな絶対名前を覚えてくれるのです。そのやり方で、私は自分の上司よりも先に、外国人に名前を覚えてもらえるようになりました。

　海外ではさまざまな国の人が集まってくるので、**名前を覚えてもらうことは、とても大事**。特に、「日本人名は外国人が覚えにくい」から、なおのことです。

　そのため、中国人はミドルネームをつけて「Ken」とか「David」とか相手に覚えやすい名前を作ることがよくあります。例えば、

👤- Please call me, Tiffany

　　（私のことを Tiffany って呼んで）

といったフレーズを、名刺交換のときに挟むのです。

　これも、日本人にはちょっと照れくさいかもしれませんね（もちろん、抵抗のない方にはぜひおすすめの方法です！）。

　つまり、日本人は「海外で名前を覚えてもらう」ためにひと工夫をしなければなりません。

　例えば「藤田」さんだったら Mt.Fuji の話に結びつけて

👤- I'm Fujita. Please call me Fuji. It sounds like "Mt.Fuji". The scenery is beautiful around here now

　　（「藤田」と申します。「フジ」と呼んでください。富士山と同じように聞こえますよね。今、この辺りの景色がいい時期なんですよ）

なんて話からスタートしてもいいでしょう。

つまり、

<u>1 感謝</u>

<u>2 褒める</u>

<u>3 ユーモア</u>

以上のどれかでキックオフすれば、OK。

いくつか組み合わせると、より自然に響きます。

ノートを使って、事前にネタを書いて仕込んでおきましょう。あなたのノートに「名刺交換のコツ」と書いて（1）〜（4）のポイントを予め書き込んでおけば、スムーズにことが運ぶはずです。

● 相手の名前はMr.やMrs.では呼ばない

ちなみに「外国の人は 相手をニックネームで呼ぶ」という話を、よく耳にするでしょうが、これは事実です。

Mr. や Mrs.、Miss をつけて呼ぶことは、特にアメリカでは100% ないといっていいでしょう。イギリスでは、たまにあるという程度だと考えてください。

つまりあなたは、**映画の世界のように、ビジネスパートナーを下の名前やニックネームで呼ぶことになる**のです。これも、知っておくだけで少し緊張がラクになる知識です。

もし3対3での商談だったとしても、名刺を受け渡しする瞬間だけは、誰もが1対1になります。つまり、どんなに頼りになる上司や先輩が横にいても、その瞬間だけは、あなたのステージです。この瞬間も、楽しみながら経験に変えていきましょう。

●海外では本題前の「雑談力」が問われる

　名刺交換と挨拶を終えたあと、日本にはない重要なステップがあります。それが「雑談」です。

　名刺交換のあといよいよ本題に入るわけですが、その前にみなさんの普段の日本でのやりとりを思い出してみてください。比較的、すぐに本題に入っていくことが多いのではないでしょうか？多少雑談するとしても、5分程度自己紹介をし合うくらいのことが多いでしょう。

　ですが、海外ではこの「雑談」が重要な意味を持つのです。

　以前、シカゴで会ったアメリカ人スタッフが言っていたことをよく思い出します。

「アメリカでは、商談の前に30分くらい会話をして"なじませる"んです」

　そう、アメリカではいきなり本題に入らず、**名刺交換のあとは「雑談」をして相手のことを知る時間に充てる**のです。

　なぜなら、アメリカは多民族国家。両親とも代々アメリカ人という人ももちろんいますが、ドイツ系、イタリア系、さらには両親のどちらかがさらに複数のルーツを持っていたりもします。

　日本人にとっては、みんな「アメリカ人」ですが、アメリカでは、お互いが何者かを知らないのが普通。だから、本題に入る前にお互いのルーツや人となりを知るステップが重要なんです。

　これはアメリカに限らず、ほかの多くの国でも似たような状況があります。

●お互いの出自について話す時間を

例えば、日本にいるときに日本人と商談をする場合を思い浮かべてみてください。

北海道、岩手、京都、山口、熊本など出身地の話をすることもありますが、マストで話すことではありませんよね。

でも、**アメリカでは相手が全員いわゆる生粋のアメリカ人とは限らない**。その前提をまず頭に置いてください。

例えば、シカゴには、戦争時代に街が破壊され、ドイツ人が建て直したという歴史があります。ゆえにかなりドイツ系の人が多い街でもあるのです。街の通りの名前も英語ではなく、ドイツ語由来のものがたくさんあります。

反対に東海岸は、元々イタリア人が住み着いてきた歴史があって、イタリア語由来の通りがよく見られます。

こういった英語以外の外国語は、英語以上に日本人の耳になじみがないため、名刺を受け取って自己紹介しあうとき「聞き慣れない響きだな」と感じることがあるかもしれません。

そんなときは、相手の出身を尋ねてみましょう。

すると

「母の両親はイタリアからの移民で、父はドイツ人で……」

といった具合に、話が転がりだします。

それをきっかけに家庭料理の話をしたり、あなたの出身地について話したりと、雑談を広げていくのです。

日本でも、「渡嘉敷さん」とか「玉城さん」などに会ったときに「沖縄のご出身ですか？」という会話が生まれて、そこから話が広がったという経験を持つ方も多いのではないでしょうか。その感覚と、

まったく同じです。

　なかなか本題が始まらないことにやきもきしてしまうかもしれ
ませんが、私の経験上、たいていこういった「雑談」は15分〜
30分くらい続きます。
　このことを知っておくだけでも、その後の商談のスムーズさが
変わります。
　会話の内容そのもの以上に、この会話を通して相手の会話のテ
ンポをつかんだり、人となりがわかることが重要。
　宗教について尋ねても、海外では問題ありません。
　日本で想像する以上に「異文化」が当たり前の場だから、いき
なり本題に入る前にコンセンサス＝意識合わせを考えることが必
要なんです。

　つまり、日本人には雑談に聞こえますが、海外の人にとっては
「マスト」のステップが本題の前に加わると覚えておけばいいかも
しれません。
　「やっぱりアメリカってフランクだな、雑談から入るんだ」では
なく、「必要だから」雑談をするのです。「お互いを知る」という
プロセスが日本以上に重要だということです。
　こうしてひとしきり雑談をしたところで、会話に空白が訪れる
瞬間があります。
　そうしたら、ここからがようやく本題のスタートです！

一瞬が勝負を分ける！
エレベーターピッチの交渉

　こうした会話で相手との関係をほぐしたら、いよいよ本番の交渉やミーティング、会議が始まります。

　その際ぜひ頭に置いておきたい考えが、「エレベーターピッチ」です。

　これはビジネス用語として深く浸透している、プレゼンテーションのテクニックの1つ。

　元々の由来は、重要な人物とエレベーターで居合わせるわずかな時間に効果的に交渉をまとめる技術を指します。

　エレベーターでの移動といったら、せいぜい1、2分というところですよね。

　この短い時間で、端的に言いたいことを伝えるというわけです。「数分で相手にポイントを説明し商談につなげる」超短期決戦型のプレゼンテーション です。

　日本に比べ、はるかに端的に物事を伝えなければならない海外のビジネスにおいて、必須といえる技術なのです。

●海外のエグゼクティブとの会話は時間が命

　執行役員や部長以上の立場にいる人を想像してください。上の立場にある人ほど忙しいですし、経験が豊富なため、会話の途中で「要するにこういうこと？」と話の途中で先が読めてしまった

りします。あなたも部下や後輩の報告の途中で、結論が予測できることがあるのではないでしょうか。

　つまり、その前の段階の説明は、相手にとって無駄な時間になってしまっているのです。

　あなたが海外で会う人の多くは、こうした重要な立場にいる人々です。さらに英語の特性もあいまって、**とにかく「結論から先に」話すことが非常に重要**になります。

　私が行ったアメリカ出張でも、まさにそんなシーンを体験してきました。

　行き先は、シリコンバレーで知られるサンフランシスコ。大企業というより、伸び盛りのベンチャー企業が集まっています。

　シリコンバレーの企業は、意思決定にスピード感があります。会話もフランクで、ストレート。日本人みたいに、曖昧な言い方はしません。 かつ、猛烈に忙しい人ばかり。数分の商談で、数億円規模の話が動くなんてことは、実際によくある話です。

　ちなみに、余談ですがアメリカではエレベーターのないオフィスが結構多いのです。国土の狭い日本だとイメージが湧きづらいかもしれませんが、映画に出てくるショッピングセンターのように、ワンフロアのオフィスが多いのです。なのでロビーから社長室までの数分間が「エレベーターピッチ」の舞台となります。

　以前私がある提携の話をしたのも、まさにそんなオフィスでした。

　とあるベンチャー企業の CEO と 1 時間ほど商談の予定が入っていました。具体的な商談が進めば「何十億」というお金が動く

話。資料の準備も万端。初対面のアイスブレイク用の雑談のネタも、ばっちり仕込んであります。

　ところが、急な予定の変更でほんの数分しか、時間がもらえない事態に。普段なら、ゆっくりアイスブレイクの時間を取って相手との会話を温めたところで商談に移るのですが、とてもそんな余裕はありません。

　この商談が進むか、進まないか。一瞬も、ムダにできない。これこそ、まさにエレベーターピッチが活躍する状況です。

　結果から言うと、このエレベーターピッチは成功しました。

　そんな限られた時間の中、どうやって、相手の懐に入りこめたのか？

　以下、私がいつも実践しているエレベーターピッチのフレームワークを詳しく説明しますね。

【実践1：明確な目的の提示】

　限られた時間の中で要点を伝えるわけですから、当然、話す内容を絞り込む必要があります。

　ですが、単に普段1時間でやっているプレゼンを数分のボリュームにまとめればよい、というわけではありません。

　よくやりがちな間違いがアジェンダの説明をしてしまうこと。

「今日お話したいことは3つあります。1つめは……」

　という、プレゼンでよく聞くフレーズのことです。

　これは、一切不要。時間のない相手に対しては、この時間すらも惜しまなくてはなりません。

　大事なのは、開口一番相手に興味を持ってもらえるかどうか。

　時間のない相手が知りたいことは、あなたの話の全体像ではありません。

　相手にとって最もうまみのある情報を、一番に提示する必要があるんです。

　つまり、**最初は目的（objectives）を明確に伝える**こと。

　あなたが、なんのために来たのか。そして、今回の訪問は相手にとってメリットのある話なのか。

　これを瞬時に伝えない限り、忙しい相手が耳を傾けるはずがありません。

「今日は時間がないから、また今度」と言われて終わり。

　時間がない、というマイナスを一気にプラスに転じるような魅力的な「目的」を提示する必要があります。

　この「目的」をみなさんは、どう捉えますか。

「私」の目的？　それとも、「相手」の目的？

　正解は「両者」の目的です。

　主語は「We」にしなければなりません。

　仮にうまく話が進んでいったとしても、その商談の先にある両者の目的が一致しなかったら、どこかで衝突するのです。

　そもそもは自社（自分）の目的があったうえで交渉に来ているわけですが、それを「両者」の目的に変換して伝える。

　ここが最大のポイントです。

　単に「提携の話で来ました」では、あなたの都合を押しつけて

いるに過ぎません。相手にとって、うまみはないわけです。

そこで、私の目的である「提携」の先にある相手と共通の「目的」を第一に伝えます。

例えば、提携によって双方に

・顧客基盤の維持拡大（Maintain and expand our customer base）

・売上増加（Increase our revenue）

・サービス力の強化（Strengthen our service）

が考えられるとします。

そこで、**提携という「自分」の目的を、顧客基盤の強化という「相手」の目的に置き換えて伝える。**

これが、相手の中で「時間を取られる面倒な話」が「自分にメリットをもたらす話」に転換する瞬間です。

これがエレベーターピッチの最大のポイントと言えます。

例えば、英語でこういう言い方をしてみます。

-I have a proposal to maintain and expand our customer base. (我々の顧客基盤を維持拡大する提案があります)

-I would like to discuss our proposal with you how to maintain and expand our customer base. (我々の顧客基盤を維持拡大する提案をあなたと議論したいのです)

-What if I have a proposal to maintain and expand our customer base, how do you think? (我々の顧客基盤を維持拡大する提案が私にあるとしたら、どう思いますか？)

【実践2：具体的な利益の提示】

先ほどの「目的」は抽象的なゴールのようなもの。

ここに、具体性を加えるステップが必要になります。

端的に言うと、**数字で表せる情報**です。

つまり、提携を果たすことによって

・新規顧客が○社増える

　（Increase our new clients by ○）

・○億円の売上増が見込める

　（Expected to increase our sales by ○）

こういった情報です。

　聞いているうちに思わず相手の口元がニヤついてしまうようなメリットを提示する必要があります。細かい根拠は、後回し。ここでは、相手の心をつかむことだけに徹します。

「明確な目的の提示」のステップで「聞いてやってもいいか」となった話が、「ぜひ詳しく聞きたい」というレベルに昇華されるステップです。

　例えば、英語でこういう言い方をしてみます。

♟ -I have a proposal to increase our new clients by 100 companies. (新規顧客が 100 社増える提案があります)

♟ -With my proposal, we can expect to increase our sales by 10M dollars.(私の提案で、10 億円の売上増が見込めます)

♟ -We can make quick decision to reduce our cost by 10%.

(コストを 10% 削減する意思決定を迅速におこなうことができます)

【実践3：ペインポイントの確認】

　さて、ここまでの段階で相手の興味を引きつけることに成功しました。その次に必要なのが、実現にあたっての課題（pain point）を確認する作業です。

　例えば、ある外国の市場に新規参入する場合。

・人員不足（shortage of manpower, shortage of resources）
・言語の壁（language barrier）
・技術の不足（lack of skills）

といった問題から、いくらメリットがあっても、実現が難しい、という場合が考えられます。

　こういった課題を相手から引き出す必要があるわけです。

　これが、エレベーターピッチの最後のステップ。

　ここでも重要なのはあくまで、主語を「We」とすること。

　相手の課題を単に聞き出すだけでなく「 私たちの課題 」として、何をお互い助け合うかを話し合うステップです。

　例えば、英語でこういう言い方をしてみます。

♟ -However, we have issue for the shortage of resources
　to fix together. (しかしながら、我々が一緒になって解決しなけれ
　ばならない人員不足の課題があります)

- -We need to overcome the language barrier to expand our joint business to Japan. (日本に共同展開するために、我々は言葉の壁を克服しなければなりません)
- -We need to make quick decision to compensate for the lack of skills. (スキル不足を補うための判断を迅速にする必要があります)

【結果：エレベーターピッチから、次の段階へ】

この３つのステップを５分ほどで終えた結果、

「もっと詳しく聞かせてくれないか」

この言葉を引き出すところまで話が進みました。

　もともと、会ってもらえただけで奇跡といっていいシチュエーションです。「今回は時間がないので、また今度」そうやって終わる可能性だってありました。そこから挽回できたのは「エレベーターピッチ」のおかげです。

　でも、このエレベーターピッチ、なんの準備もなしにいきなり成功するわけではありません。

　そこに至るまでにはある「習慣」が必要です。次のページで詳しくお伝えします。

事前の仕込みが
エレベーターピッチの成功を呼ぶ

　ご紹介したとおり、アメリカで披露してきた「エレベーターピッチ」は、予期せぬアポの変更によるものでした。

　大抵の場合、エレベーターピッチの出番は不意に訪れます。当然、準備の時間はほとんどありません。でも、いつこうした事態が起きてもおかしくないわけです。

　そこで必要なのは「事前の仕込み」という習慣です。

「資料作成時にエレベーターピッチの準備を仕込む」といっても、普段の仕事に大きな負担をプラスする必要はありません。最も負担が少なく、効果も高いのは、資料作成時にエレベーターピッチの準備もやってしまうことなのです。

> エレベーターピッチの3つの柱となる
> 1、明確な目的（objectives）の提示
> 2、具体的な利益 (benefit) の提示
> 3、実現にあたっての課題（pain point）の確認

　この3つは、エレベーターピッチの必要がない場面においても重要な核となることに変わりはありません。

　つまり、どんな長尺のプレゼンでも、要点をこの3つに絞り、数分で伝えられる状態に磨き上げておく。

　これが「エレベーターピッチ」の準備になるだけでなく通常のプレゼンや報告も非常に的を射たものになります。

つまり、**説得力が圧倒的に上がる**わけです。

逆にいえば、どんなに精巧に仕上げたつもりでもエレベーターピッチができるくらい磨き上げておかなければ、十分相手に伝わらないということです。

そもそも、このフレームワークがなければ、そもそも「デキる」人にはなれないということ。エレベーターピッチのための準備はもはや緊急事態への備えではありません。商談で使えるのはもちろん社内でのプレゼンや上司への報告、部下への依頼……　あらゆる「伝える」場面において必須のステップだと考えてください。

では、そのための具体的な準備の仕方を以下で説明します。

【実践1：資料作成時に3つの柱を立てる】

資料を作ったあとに3つの柱を抜き出す作業をおこなうと、その分、負担が生まれてしまいますよね。極力、作業は減らすことがマスト。そこで、**資料作成と同時にエレベーターピッチ用の3つの柱も作って**しまいます。

「エレベーターピッチ」は商談やプレゼンを究極までミニマムにしたもの。つまり、はじめからエレベーターピッチを念頭においた資料は、より説得力がアップします。

資料作成→エレベーターピッチの準備という流れではなく、はじめから同時進行で資料とノートを作成する。

具体的には、下記の3つのステップで行います。

【ステップ1】先述した**3つの柱を、それぞれ1行で書く**。

　例えば Benefit や Pain Point などを複数の箇条書きで書いて OK！（ただし1行ずつ）

【ステップ2】そのミニマムな構成をじっと眺めながら、**「これで相手に伝わるか?」を徹底的に考え**てみる。

　この段階でぼんやりしていたら相手に伝わりません。自分が納得するまでこの最小構成をしっかりと練り込みます。

【ステップ3】この3つの柱×1行を膨らませ、**補足すべき情報を肉づけ**する。

　結果、**1枚の紙に3つの柱が箇条書きで書かれたスクリプトのようなものができ上がる**はずです。

　これをエレベーターピッチの直前まで、いつでも振り返れるように持っておきます。

　そのメリットは単に時間のロスが少ないだけではありません。

　エレベーターピッチの出番がない通常の商談やプレゼンでも、説得力が圧倒的に高まるという利点もあります。

　骨組みがしっかりすることで、より説得力が高まるわけですね。

【実践2:当日までの磨き込みをおこなう】

　ノートを作ったら終わり、ではなく、商談やプレゼンの当日まで、さらにこれをブラッシュアップしていきます。例えば、

「開口一番、相手に興味を持ってもらうためにはどう表現すべきか?」

「どんな数字をメリットとして提示すべきか?」

　など、直前まで磨き上げることで成功率は格段に上がります。

　ノートに書き込み、ここはまだ緩いなと思うところがあれば削ぎ落として、ソリッドにしていく。自分が読んでも魅力を感じなければ、ましてや相手には伝わりません。「ここがまだ甘いな」「具体性がないな」と思ったら何度でもリライトしていきます。上司や同僚など人に見てもらうのもおすすめします。

【実践3：日々の商談で実践】

　いわばここまでの段階は、台本を書いたものの人前で上演してはいない、という状態です。日々の商談で実際に実践することでエレベーターピッチの技術が完成します。

　1年に数回あるかどうかのエレベーターピッチの機会を待っていたら、いつまでも技術は上がりません。

　そこで、あなたにとっての重要な**商談を毎回、エレベーターピッチの気持ちでおこなう。**

　あるいは、上層部と重要な会話をする機会があればエレベーターピッチを仕込んでおく。なかなか接点が持てない人とのランチやディナーのときもそう。

　つまり、**あなたにとって勝負プレゼン(しかもその時間は超短い)**のときにガンガン実践してみてください。

　すると、

「この表現は反応が悪かったな」

「この数字を出すと、必ず人は食いつくんだな」

　そんなふうに、データが集まっていきます。

　逆に、自分が商談を持ち込まれたときの感情や上司や同僚の使うフレーズを盗んでストックしておくのもおすすめです。

　私は29歳からずっとこの繰り返し、言い換えると「圧倒的な経験の蓄積」によって、スキルを向上させることができました。

　この蓄積をしているかどうかで能力の差はどんどん開いていきます。

　ただ漫然と商談の数をこなすのか、それとも日々、後がないエレベーターピッチのつもりで1つ1つの商談と向き合うのか。

　練習試合の数が多ければいざという大きな商談にもより余裕をもって臨むことができるはずです。

　スキル本でよく紹介される「明日から○○できる〜」「10分で○○できる〜」といった技術は、確かに身につけるのは容易かもしれませんが、言い換えると「誰でも身につけられるもの」ですから、あなたの個性(=強み)にはなりません。

　時間をかけて、きっちりと練り込むスキルは、あなたの圧倒的な強み、誰にも簡単には真似できないものになります。

　楽して身につくスキルに飛びつくのももちろんOKですが、時間をかけて強みを築くことにも、アンテナを張っておきましょう。そこに時間をかけるほど、あなたは「強く」なります。

「レストラントーク」必勝法

　続いて、商談や会議の後に行われる食事会での会話「レストラントーク」についても触れておきましょう。

　海外でも、経営会議、営業会議、業務オペレーションなど様々な会議があります。ただ、どの会議でも特定のテーマが繰り返しとりあげられ同じ単語がまた次の会議に出てくるという状況は、「シーンを絞る」点で同じです。

　ところが、いわゆる「レストラントーク」は、こうはいきません。

　メンバーの交流を兼ねた食事会のような場では会話のジャンルが絞られておらず、話についていくのはいっそう難しくなります。

　実は、レストラントークに関しては、まだまだ私も勉強中です。

　仕事では、会話もメールもプレゼンも会議も、自信を持って英語で臨めます。でも、海外のパートナーたちとレストランで交わす会話においては、いまだに自分の至らなさを痛感する毎日です。

　英語圏の人々だけではなく、インド、中国、タイなど母国語も宗教もさまざまな人が集まります。仕事という共通の話題があるうちはいいのですが、フリーなテーマのトークになると、知らない単語や話題が平気でバンバン出てきます。一度話題についていけなくなると全くリカバリーが不可能になることも……。

　そこで、おすすめしたいのが、レストラントークにおいても「一点突破」の姿勢で臨むことです。

●レストランでも会話を「絞る」

　仕事の場を離れたフリートークとなると、そのテーマはその何倍にも広がります。会話に付いていくには英語力だけでなく、さまざまな背景知識も必要です。

　でも、安心してください。

　ここでも、**30%の英語で大丈夫**です！

　すべての界隈に浅く広く知識を持つことも悪くはありませんが、それよりも「一点突破」で自分のことを話せることを目標にしてみましょう。つまり映画やスポーツなど、自分の趣味に絞って**自分の土俵に持ってくる**ということ。

　自分の趣味について、これだけは話す！と決めて話題を準備しておくのです。サッカー、歌、料理……自分が楽しく話せることなら、何でも構いません。

　普段、日本の同僚や友人と話すときのことを思い出して、自分が一番楽しく話せるテーマを選びましょう。

　例えば、サッカーについて話すとしましょう。すると、こんな会話が想定できます。

♟- Have you played any sports ?

　　（昔、何かスポーツをやっていましたか？）

　　Yes, I used to play Rugby and Baseball when I was an university student- ♟

　　（大学時代、ラグビーと野球をやっていたよ。）

♟- Cool ! I used to play Football.

　　Do you like to play Football ?

（そうなんですね、僕は、サッカーをやっていたんです。

サッカーは好きですか？）

I have never played Football, but I watch the World Cup every
time.- 👤

（やったことはないけど、ワールドカップならいつも見てるよ。）

👤 - Oh, I watch the World Cup too ! (Me too).

I like ◎◎ from Italy, and ◎◎ from Spain ……

（僕もです！ 好きな選手はイタリアの◎◎とスペインの◎◎と……）

と、こんな感じです。

　一見、なんの変哲もない会話に見えるかもしれませんが、ここ
には、3つのポイントが含まれています。

1、先手必勝！
2、相手の答えに関わらず、自分の土俵に持っていく
3、固有名詞は世界共通

　1つずつ、説明しますね。

【1、先手必勝】

　冒頭でお話ししたように、さまざまな文化のもとで生きてきた
人達がフリートークを始めるとどんな会話が出てくるか、予想も
つきません。一度ペースに乗り遅れると、自分の会話を差し挟む
余裕もなくなってしまう。日本にいる場合、フリートークの際は
相手に関心を持ってまずは聞く姿勢から入ることが重要ですが、
海外にいる場合、英語が流暢に話せない不利な状況にいるのです。

相手の話を一所懸命に聞こうと心がけたら、機会を逃してしまい一度も話せなかったということがよくあります。

そこで、席に着いたらまず「自分が話を振る」！

そうすれば、少なくともその場で1回は自分が主役になるターンを持つことができます。

うまくいけば、その会話のほとんどを自分の得意分野にすることができるかもしれません。

ついていけない会話に巻き込まれたら、そこから挽回するのは非常に難しいものです。「キックオフから10分が勝負！」という名将の気持ちで臨んでください。

【2、相手の答えに関わらず、自分の土俵に持っていく】

先ほどの会話で「大学時代、ラグビーと野球をやっていたよ」と相手が言っているにもかかわらず、「そうなんですね、僕は、サッカーをやっていたんです。サッカーは好きですか？」と返すやり取りがありました。

相手の話に深く突っ込んで、ラグビーや野球の話をするという選択肢もあったわけですが、あえてそこに行かず、自分の土俵に持っていっているのに気づきましたか？

ここが、成功のポイントです。相手がどう出てきたとしても、

（Really！Cool！）「そうなんだ」

（Oh, that's great！）「なるほど。ところで……」

※ By the way と言わなくてもその流れで話を続けることはよくあります

　といったフレーズを挟んで**自分の得意な話題に切り替えてしまえばいい**のです。

　そこは、図々しくいきましょう（笑）！

　とにかく、まずは自分のペースで、自分の用意してきたスクリプトが日の目を見る場を作ってあげてください。

【3、固有名詞は世界共通】

　これは、会話をとにかく少しでも長く続けるために頭の隅に置いておきたいことです。

　さっきの例で言えば、**サッカーの選手名やチーム名は世界共通の固有名詞**ですよね。動詞や形容詞と違って、日本語で覚えている名前はそのまま発音しても十分に使えます。発音は多少違いますが、問題ありません！

　日本人同士でも、同じ趣味を持つ人との会話は、そういう固有名詞を出すだけでもものすごく盛り上がりますよね。

　相手が興味を示してくれたら、選手名をバンバン出す。

　音楽好きなら、バンドやミュージシャンの名前。

　食べ物好きなら、料理の名前。

　単語の羅列だけでもいいんです。とにかく、思いつくままに並べていくだけで OK。もし自分の発音が相手に通じなかったらそれだけで、発音の訓練になると考えましょう。

「◎◎（選手名）, nice shoot, oh!」

　こんな会話でも、十分に盛り上がれますし、何も話せずにいる

のに比べたら、あなたの人柄が何十倍もよく伝わります。

●「一点突破」で自分をブランディング

　料理が好きな人の場合を例にとってさらに例を紹介します。

　アメリカのイタリアンレストランで運ばれてきた料理を囲みながら、こんな会話が始まります。

- I think this Pasta tastes very good.

　I like to cook Bolognese in my home.

　（このパスタ、おいしいですね。

　　私、家ではボロネーゼのパスタを作るのが好きなんです）

Fantastic ! You like cooking !-

　（へえ、料理が好きなんだ）

- I usually cook Niku-jaga.

　（「肉じゃが」もよく作りますよ）

What is Niku-Jaga? I only know Sushi and Tempura.-

　（「肉じゃが」って何？ 寿司と天ぷらしか知らないよ）

　こうやって、自分のペースに引き込んでしまえば、その日の勝利は確定です！

　今日は料理の話で乗り切ると決めたら、自分の得意料理1つを「一点突破」で説明できるようにしてみましょう。

　この場合は、あなたの1行英語ノートにネタ帳として得意料理のレシピ（先ほどの例だとスポーツのネタ帳）を箇条書きでまとめておき、レストラントークの前に必ずノートを確認して記憶を

呼び戻しておきましょう。そうして1つのレシピが十分に説明できるようになったら1つ、また1つと新しいレシピを1行英語ノートに追加していき、ネタ帳のバリエーションを増やしていきます。

　ノートでしたら、カバンに入れてレストランの場所に持っていけますし、どうしても頭から出てこなければお手洗いに行っている間にパッと読み返すことだってできます（後述するデジタルノートでしたらなおさら容易になります）。

　ここでは簡単な英語で表記していますが、話が盛り上がって来たら、より高度な英語が必要になってきます。でも、自分の得意分野だったら楽しんで単語を覚えていけますよ！

　例えば、「梅干し」を英語で説明してみてください。すぐに頭から出てこない単語が山ほど出てきてもとりあえず「それはチュッパチャップスくらいのサイズで」「食べるもので」「酸っぱくて」「赤くて」と説明していくと、イメージが徐々に絞られてきます。何も発言できずに、全くどんなものかわからないよりは、はるかにマシですよね。

　世界情勢や、最先端の科学技術、環境問題などについて浅く広く調べるよりも、こんなふうに**1つのテーマに絞ってとことんネタを準備しておくほうが、自分から発信できるチャンスは圧倒的に増えます。**

「肉じゃが」は「Niku-jaga」で通じるのかな？

「だし」って英語でなんて言うの？

　じゃあ、「煮る」は？

222

　こいつは、どれだけ肉じゃがが好きなんだ？と相手に思っても
らえるくらいの気持ちで臨んでみてください。もはや、「Niku-jaga」
なんてあだ名をつけられるくらいの勢いで構わないのです。

　こうやって、とことん「一点突破」して作り上げた話は、完全
にあなたのものになっていますから、他の機会にも堂々と使い回
せます。しかも場数を踏んで話せば話すほど気持ちが乗って、相
手に伝わりやすくなっていきます。

　メンバーが違えばもちろんのこと、同じ顔ぶれでの食事会で
使っても OK です。
「お前、またその話かよ（笑)」なんて笑ってもらえれば、自分
のブランディングさえもできてしまいます。
「口数の少ない謎の日本人」として忘れられるよりも、「肉じゃ
がっていう料理の話してたアイツ」って覚えてもらえるほうが、
よっぽどいいですよね。

　そして、この体験もいつもと同じように、すかさず「1 行英語
日記」に書き込みましょう。

My talk about Niku-jaga worked out
　　（肉じゃがトークがうまくいった）

　これも立派な「成功体験」です！　あなたの英語へのモチベー
ションを、必ずアップしてくれます。
　自分なりのキラーコンテンツや日本ならではの話題をいつもス
トックするようにしておきましょう。

●レストランやルームサービスを電話予約して「自信」をつける

「絞って訓練する」という意味で、私は海外旅行や海外出張に行くときに、必ず電話でレストランの予約をするようにしています。

なぜなら電話だと、お店の雰囲気もメニューもわからない中の会話なので、詳細を把握するための**質問力**、予約までとりつけるための**リスニング力**、自分の要望を伝えるための**リクエスト力**や**発音力**など、様々な力を「集中」して身につけることができるからです。

海外に行くと、必ずおこなうことが食事です。食事に関する英語に慣れておくと必ず様々なシーンに役立ちます。

この訓練を繰り返しておくと、メニューが見えない状態でどんな食事が出るかを確認する作業を通して、様々な食事の単語や調理方法に関する単語を覚えていくことができます。

ルームサービスも同様です。例えばモーニングコール。これを英語でどう言いますか？

"Morning call, please." と言っても通じません。

「Could you give me "wake up call"？」 です。さらに please をつけると丁寧になります。

私はお恥ずかしい話、3年前までこの言い回しを知りませんでした。仕事に出れば英語でプレゼンテーションや議論をする立場が、実務以外ではこんなものです。でもビジネスでは別に不自由しないのです。つまり英語は実践しないとわからないことが多いのです。

　その後の私は、海外に行くと必ずモーニングコールをお願いして英語を慣らしてきました。

　電話越しですので、時々私の発音がオペレーターに伝わらなかったことがあったのですが、この繰り返しでなくなりました。

　自分の英語が通じ、きちんと伝えたとおりに物事が動くことを確認するプロセスが大切です。

　同じリクエストでも、電話の相手の反応は違ってきます。しかし大幅にずれた突拍子もないことはほぼ起こりませんので十分な反復訓練になります。

　他にもクリーニングやベッドメイクなどのルームサービスも同様です。無理矢理でもルームサービスで何かをお願いしてみるのです。

　電話だけでやり取りすると自分の発音と耳だけが頼りです。対面での会話と違って、表情や仕草が読み取れない分、リスニング力を鍛えるのに効果的なのです。

　電話越しでの注文ですから手書きのメモ（スクリプト）を目の前に用意していても大丈夫です。

　多少手間取ったとしても相手はサービスでやっていること。自分のせいで注文待ちの列ができるわけではないので、途中であきらめる必要はありません。

　慣れてきたら言い回しを微妙に変えて、より表現の幅を広げてみましょう。

「効果的な会社への報告」と「復習」

●報告書を5つのポイントでフォーマット化

　こうして、無事に海外出張を終えたあとに控えているのが、会社への報告です。ある意味、現地であなたがどうふるまったか以上に、ここが重要ともいえるかもしれません。なぜなら、現地にあなたと一緒に行っていない会社にとっては、あなたから受け取る報告書の内容が、あなたの海外出張の出来不出来をジャッジする材料になるからです。

　プロジェクトの要点やメリット、解決が必要な課題について、事前に準備しておいたメモと、それに沿って記録したメモが残っています。この内容を、会社および、必要に応じて今回会ったパートナーと共有する必要があります。

　そのうえで意識しておきたいポイントを、以下にまとめます。

　そのポイントとは、英語の授業でも、ビジネスの世界でもよく耳にする「5W1H」です。今さら本でとりあげることか、と思われるかもしれませんが、ここで重要なのはその「順番」です。

1　what（目的）…何をするのか、何が必要なのか
2　why（課題）…なぜそうする必要があるのか
　　　　　　　　／どのような問題があるのか
3　how（解決策）…具体的にとるべき行動

（この詳細として where も含まれる）
4　who（責任者）…誰がそれをやるのか
5　when（期限）…いつから動き出すのか
　　　　　　　／いつまでに完了するのか

　報告時にも、エレベーターピッチの会話と同様、端的に重要な
ポイントを伝えることが必要です。したがって、最も大事な結論
にあたる「what」がまずはじめにきます。
　1行英語ノートにあらかじめこの5項目を書いておき、そこ
を埋めて行く形でメモをとり、報告書を作れば、無駄も漏れもあ
りません。

　私も今までに部下からさまざまな報告書を受け取ってきました
が、会話の結論が見えない報告は少なくありませんでした。
　誰が、いつまでに、なにをしなければならないのかというアク
ションに落とし込まれていない報告書は非常に目につきます。言
い換えれば、このポイントを押さえるだけで、圧倒的に「デキる」
部下に見えるのです。
　プロジェクトの進行に必要な要素がそのまま落とし込まれてい
る報告書は、上司がその後進捗管理をするときにもそのまま使う
ことができます。つまり、受け取った上司は非常に楽なのです。
「またこの部下に出張を頼みたい」と思うのは自然なことです。
結果、次の出張メンバーに抜擢されるという、チャンスのよい循
環も起きてきます。
　仮に直接出張に結びつかなくとも、単に時系列に出来事を羅列

した報告書よりも圧倒的に賢く見えますから、上司からの評価は格段にアップします。

そして何より、あなたも面倒な報告書作成に無駄な時間を割かなくて済むのです。

上記の5項目に加え、ご自身の職場用のアレンジを加えて、さっそく使ってみてください。繰り返しになりますが、これは海外出張に限らず、ビジネスのあらゆる場面に適用できます。普段の国内での仕事にもおおいに役立ててください。

●普段の会話では「why」が先になることも

ちなみに、今お伝えした5W1Hは、状況によってベストな順番が変化します。

例えば、同僚、部下、対等なパートナーや近しい関係の顧客などに対して会話をする場合。

こうした相手とは、端的にタスクを伝えること以上に、「共感」が重要な意味を持つことが多くあります。

結論ばかりでは、事務的な冷たさを感じさせてしまうため、そのクッションとして、あえて「why」から入るほうが、コミュニケーションがスムーズになることがあるのです。

何をしなければならないのか（what）よりも、何に困っているのか（why）を先に聞き出そうとするイメージです。

おそらくこの点については、日本で仕事をしているみなさんは無意識にやっていることだと思います。

●会議の録音を生きた教材に

　メモに関連して、会議等の会話の録音についても触れておきます。

　もし、相手の許可が得られたら、会話を録音することをおすすめします。自分の業界に関わる生の英語を、たっぷりと聞ける機会はそうそうないからです。

　ICレコーダーでもかまいませんが、スマホの録音機能がよりおすすめです。日本に戻って来てからも通勤中に繰り返し聴くことができ、とても優れた英語教材になります（ちなみに、無断での録音はトラブルを招くことがあります。必ず目の前で許可を得てからにしましょう）。

　同じリスニングをする場合でも、映画などの場合自分のテーマと必ずしもフィットするとは限らず、会話についていくのは難しいことも多いのですが、会議はほぼすべてが自分のフィールドに関わる内容です。そのため聴き取りにとても向いていますし、毎日の通勤で聞くことで実践力の高い単語が身につき、とても力になります。

　もし聞き取れない単語があったら、ノートにカタカナや仮のスペルでメモをしておきましょう。前後の文脈やおよその発音を手がかりに辞書をひけば、おそらく単語が特定できるはずです。

　その単語の聞き取りと発音を繰り返すことで、自分にとって聴き取りが苦手な単語の発音が身につくという効果も期待できます。それにともなって、同じ発音を持つほかの単語も聞き取りや

229

すくなるという相乗効果も生まれます。

●復習の材料は、あなたが作る

こうして出張を終えたあなたには

・メモ
・単語帳
・報告書
・録音

という財産が残りました。

この1行英語ノートは、出張を成功させるためだけでなく、その後のあなたの英語力を向上させる格好の教材でもあります。

1行英語ノートを振り返ることで、**現場ではうまくできなかった発言や単語を身につける**ことができます。

単語帳スペースに蓄積した、**新しい専門用語も復習**することができます。

報告書には、単に英語を使っただけでなく、その英語を道具としてあなたが**成し遂げた成果**が残っています。

そして、その過程のすべてが、録音された音声によって、**リスニング材料になっている**のです。この材料を、そのまま放っておく手はありません。復習の材料として、その後もこのノートや録音資料を振り返ることで、あなたのスキルは確実に向上します。

一度の出張をおびえながら過ごし、単なる時間のロスにするのか。それとも英語力とビジネススキルアップの機会に変えるのか。それはすべて、あなた次第なのです。

蓄積したミニサクセスストーリーを 「虎の巻」にする

　ここまで書いてきた英語ノートの活用術は、私の「成功パターン」としてフレームワークに落とし込み、蓄積してきた内容です。

　具体的には「1行英語日記」で蓄積してきた「ミニサクセスストーリー(小さな成功体験)」を「パターン化」して「再現」してきたのです。

　どこかの研修や書籍から拾ったネタではなく、すべて自分の実体験ですから、当時のシーンごと体で覚えていて、他人が再現できるレベルまで説明できます。私は10年以上、1行英語ノートを続けていますので、膨大なフレームワークの中から本書で実例を交えてその一部をご紹介したわけです。

　この1行英語日記が貯まっていくと、さほど重要ではない内容や、既に頭と体に染み込んで、自分にとって常識になっているようなものも出てきます。反対に、非常に重要度が高く、今後も忘れずにいたい「一生もの」レベルの内容も出てくるはずです。

　そのように、特に重要と思われるポイントを別の紙に整理して、ノウハウとしてノートに蓄積したものが「虎の巻」です。

　右ページは、前にもお見せしましたが、実際に私が日に蓄積した1行英語ノートの中から抜き出した、「相手をその気にさせるプレゼンの秘訣」をまとめた「虎の巻」です。

presentation skill

- Make it presentation on time
  - planned time allocation in advance
  - keep 10 slides at maximum for 20 minutes presentation

- 1 slide, 1 message !
  - audience lose focos by "too much" message
  - → 1 message, 1 Fact is the best slide

- "Preparation" is KSF (key success factor) for presentation
  - clarify the objectives of the presentation
  - create main story line (& Time allocation)
  - collect Fact data (for each message)
    ⇓
  1 slide, 1 message
  - keep 10 slides at maximum (20 min presentation)

New word
- time allocation   - story line
- in advance   - collect
- preparation
- clarify
- objectives

プレゼン直前にさっと読み返すだけで、**5分もかけずに、プレゼン成功パターンを自分の脳の中にインストール**できます。

　私の場合は過去の英語ノートから、3,000を超える膨大な「虎の巻」が英語で蓄積されており、相応の英語力が向上しました。英語で外国人相手に自分のスキルやノウハウを教える際にもとても効果的です。

どんなノートにまとめるか

　最後に、肝心のノートそのものにも触れておきます。どんなノートを準備したらいいのか、大きさなど、気になる方もいらっしゃるかもしれません。

　結論は「最も持ち運びが苦にならないもの」であることです。
　この英語ノート術は、仕事中、いつ何時でも開けてメモができることが最大のポイントです。したがって、あなたのライフスタイルや仕事のスタイル次第で、ベストなノートが異なります。
　例えば、普段 A5 サイズのバインダーを持ち歩いているとしたら、そのバインダーに使えるルーズリーフが最も使いやすいノートになるでしょう。また、出先で立ったままメモをとることが多ければ、大きなノートではなく、小型のノートやメモ帳がベストということになります。
　いずれの場合も、持ち運びにくく、仕事中に使いづらいものや、専用のノートをつい家に忘れてきてしまった、ということがないように、ノートの形を考える必要があるのです。

　ちなみに私が愛用しているノートは、「Davinci(ダヴィンチ)」というバインダーノートです。写真がその実物です。
　オイルレザーで A5 サイズの手帳を 10 年以上愛用しています。仕事の全てのメモを、この 1 冊に集約しています。つまり、仕事をしているときいつも持ち歩くこの手帳を、英語ノートとしても

使っているわけです。

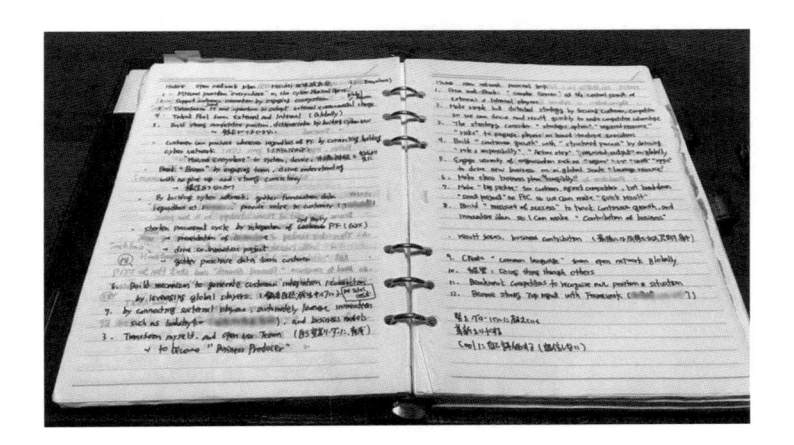

　ただこの手帳、16,000円と決して安くはありません。

　でも、自分の成長のためのノートですから持っていて自慢した

くなってしまうくらいのものを私は持ち歩きたいのです。

　この手帳くらいの風格を自分も身につけたいという気持ちで。

　最初の頃は、持っているだけで自分が賢くなったような気がし

ていました。

　これを購入した30歳当時、持っているだけで仕事に対する意

識が上がりました。自分自身へのちょっとした意識づけです。

　手にしたときのオイルレザーの高級感が好きで、10年以上使っ

ていても全然劣化しません。むしろ、味が出てきました。

でも、自分の好みに合うことが最優先です。

だから、普通の大学ノートでも全然問題ありません！

「あなたが使いやすいノート」でいいのです。

仕事で使っているスケジュール帳を活用してもいいですし、「大学ノートは愛想がなくて嫌だ」と感じる方であれば、可愛らしい絵柄がついたものを使ってもらっても大丈夫です。高いノートを使ってモチベーションを高めるのもいいですし、とことんコストを削って、100円均一のノートを使ってもいいのです。

あなたが選んだそのノートに何を書くかが、あなたの英語学習のスタートです。

●デジタルノートの活用法

もちろん紙のノートだけが全てではありません。

例えば「Evernote」や「Onenote」も使えます。ただし、私はアナログノートとデジタルノートを使い分けています。

・アナログノートは普段の会議や商談等で活用し、1行英語日記
　としてミニサクセスストーリーを蓄積
・デジタルノートには、ノートに蓄積された仕事スキルのポイン
　トを簡単にまとめ、いつでもスマホやタブレットで編集、参照

　私の場合は、マイクロソフトオフィスとの相性がよく、またカ
テゴリーの階層化が楽、そして複数のデバイスからアクセス可能
な「Onenote」を普段利用しています。

　また、最新の iPad と iPad mini の Apple Pencil がとてもよく
使えるので、アプリで Onenote を使い、スマホでもその内容が
見れるようになっています。

　バインダーノートと同様に、必要になったときに探しやすいよ
う自分なりのジャンルやテーマに分けてインデックスを作ってい
ます。

1. Life Strategy (Long Term)

2. Growth Strategy (Short Term)

3. Career Strategy

4. Executive

5 .Transformation

6. Customer/Sales

7. Project

8. Global Business

9. Business Skill

10. Habituation

11. Obstacles

12. Communication

13. Personal Brand

14. Private

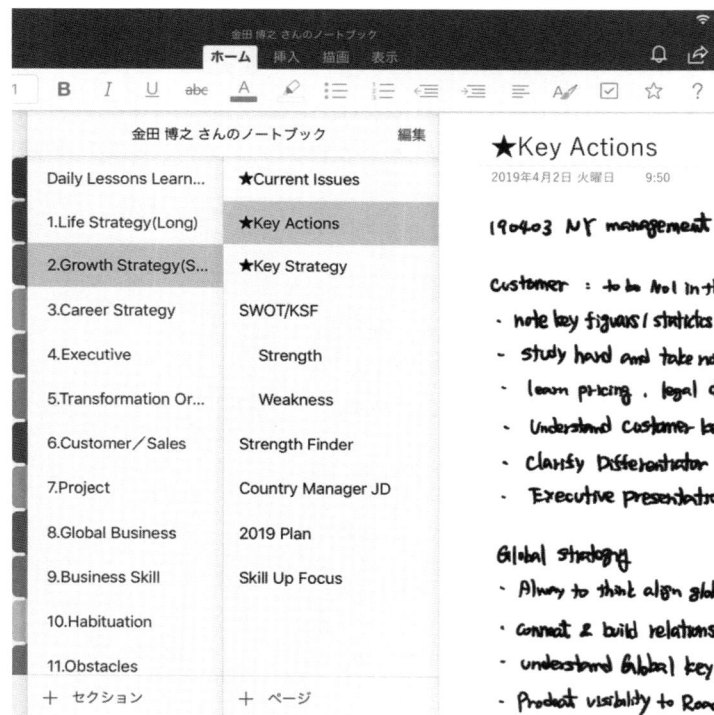

これは、ニューヨークでの経営会議で学んだ内容をデジタルでまとめています。そこでメモを大量に残し、翌週から早速動きたいアクションやアイデアを15以上書いています。

スマホで、タブレットでいつでも、どこでもパッと確認することができます。

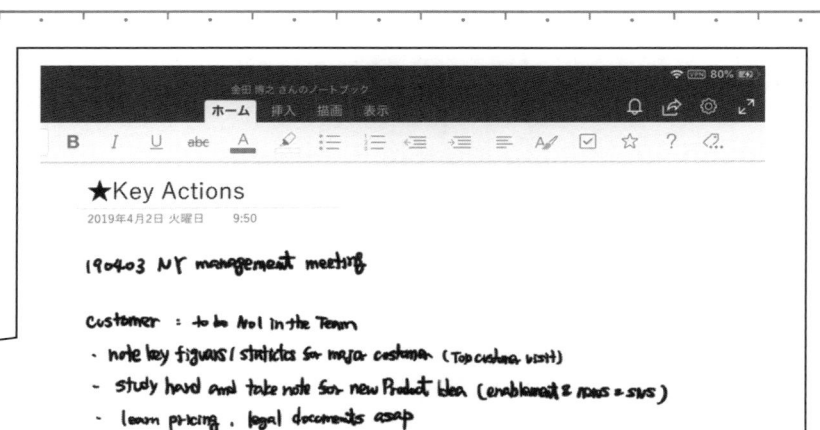

238

●入れ替えできる「バインダーノート」がベスト

普通のノートでも構いませんが、可能ならぜひおすすめしたいのが**バインダーノート（ルーズリーフ）を使うこと**。

その利点は言うまでもなく、後から**順番を入れ替えたり編集しやすいこと**です。

どんどん書いていくと全てのページは持ち運べませんよね。

そこで最新のページと、白紙のページ数枚をいつものバインダーに残して持ち歩くことになります。

では、書き終えた1行英語ノートはどうしたらいいでしょう？

【1、保管用のバインダーを用意する】

モチベーションを上げるために持ち歩き用のバインダーノートは自分の気持ちが高まるものを私は使っていますが、保管用のものは、特に高いものではありません。

ただ、長期間保管しますし何度も入れ替えなどで開け閉めするので、ある程度丈夫なものをオススメします。極端な話、100円均一のプラスチック製のものでもまったく構いません。

【2、インデックスを用意する】

ノートを何年も蓄積していくことを考えると、あとから、どこに何が書いてあったのか探せなくなる可能性大です。そこで、テーマをいくつかに絞ってインデックスをつけるようにしています。

文具店で購入できる、専用のものでもいいですし、ポストイットなどのふせんでも構いません。

【3、自分の目標に沿ったインデックスを作成】

　ノートはそれぞれさまざまなテーマに分かれているので、必要になったときに探しやすいよう自分なりのジャンルやテーマに分けてインデックスを作ります。

　私の場合、

　①人生戦略（人生の夢や目標）

　②経営者人材になる

　③グローバルで一流になる

　④組織を変革する（リーダーシップ）

　⑤困難に立ち向かう

　⑥プライベートを充実させる（老後含む）

　といった分類をしています。

　②〜⑥がそのまま私の人生戦略の大項目です。

　一番最初に持ってくるのは自分にとっての大きな目標です。

　続いて、その実現のために必要な項目が、②、③と続きます。

　私の場合は「健康対策」「資金」「老後対策」といった内容も第6の章としてまとめたりもしています。

　とにかく、**人生で大事にしたいことをトップにもってくることが重要**です。あたかも1冊のノウハウ本を作るような感覚で章立てしていきます。

【4、該当する1行英語ノートを時系列で並べる】

　例えば、私のインデックスのトップにある「経営者人材」のインデックスの後ろには経営者人材になるためのノウハウに触れた1行英語ノートのページを綴じていきます。この作業で、書き溜

めた1行英語ノートがそれぞれのインデックスに振り分けられて
いきます。

　こうした編集作業ができるのが、1冊に綴じられたノートには
ないバインダーノートならではのメリットです。後から記憶や成
長を振り返りやすいように時系列にしておくのがおすすめです。

【5、そこから抽出した虎の巻を別途作る】

　ここまでのステップで、

・自分の目標に沿った章立て

・書き溜めた1行英語ノートの振り分け

まで終えられました。

　ここで登場するのが「虎の巻」です。

「虎の巻」は実際の業務を通してつかみとった成功パターン（ミ
ニサクセスストーリー）を後から再現できるよう、箇条書きにし
てまとめたものです。

　1行英語ノートを書き連ねる中で蓄積されたことをノウハウ
の形にまとめます。

　例えば、「リーダーシップ」というインデックスを作ったなら、
「上司や部下といかに向き合うか」について触れた1行英語ノー
トが時期をおいて何度か書き溜められているはずです。

・テーマごとの章立て

・テーマにそった成功体験の蓄積（1行英語ノート）

・成功体験のエッセンスを抜き出したもの（虎の巻）

　これらがセットになった状態が理想的な「保管用バインダー」
です。

　1行英語ノートを見れば、生々しく当時の感情までも書いてあ
り成功体験がリアルによみがえります。これによって**再現性が圧
倒的に高まります**。

　1つ目のインデックスと同様に各章を同じ構造でまとめれば死
角のない、自分だけのノウハウが1冊にまとまった本(自分だけ
のバイブル)ができるわけです。

●ノートの変化とともに、自分の成長が残る

　こうしてノートを蓄積していく間にも、あなたは仕事を通じて
成長し、次の新しい目標が生まれます。

　すると当然、トップに据えていた目標も新しいものになります
し、それに伴って新たなテーマが浮上するはずです。

　こうして、仕事を続けていくごとにインデックス自体が増えて
いきます。

　例えば、ノートを始めた頃は基礎的なプレゼンテーションや
ファシリテーションに関するものが多いかもしれませんが、これ
がだんだん「部下との接し方」「マネジメント」「経営」といった、
よりレベルアップしたインデックスに進化します。

　過去のインデックスは今の私のノートには存在せず、保管用バ
インダーに蓄積されています。つまり、インデックスの項目自体
が私のヒストリーの蓄積になっているのです。

【ノートや手帳派の人はどうすればいい？】

先ほどもお伝えしたようにバインダーノートではない場合、ページが入れ替えできないのがネックです。

メモや手帳など、持ち運びやすく機動力のあるもののほうが仕事がはかどる方も多いと思うので、普段の業務の妨げになるようであれば無理にバインダーノートを使う必要はありません。

例えば、普段使われている手帳に1行英語ノートを書き、仕事のメモも書いていってもよいでしょう。

そんな場合でも、何度も振り返り蓄積していく「虎の巻」だけは転記してバインダーノートを作ることをおすすめします。

そうしないと、検索性が低くなり、必要なときに参照することが難しく、ノートの効果が半減してしまうからです。

転記は面倒でも、続けることで確実に効果が出てきます。

今、私は経営者の立場となり、インデックスも中に書かれている内容も、当初とは大きく変わりました。

今度は、新しい部下を採用する際にフレームワークを意識した質問をしているのですが、ここでも、質問を受けた人が自身の体験をしっかり言語化できているか否かが如実に表れているのを感じます。

仕事で得たことを体験談に終わらせず、虎の巻にまとめて言語化していつでも引き出せる状態にしておく。

こうすることで、普段の業務はもちろん転職時の面接においても明確に結論から説明できます。

多少負荷をかけてでもこのノート術を習慣化して虎の巻に蓄積する効果は途轍もなく大きいのです。

おわりに

　毎月、海外のオフィスに向かう飛行機の中で思い出します。たった十数年前までは、この飛行機に震えながら乗っていたことを。
　今、私の手元にあるのは、当時と変わらぬバインダーノート。
　まったく英語が話せなかったあの頃も、世界中を飛び回る今この瞬間にも、常にこのノートが手元にあります。
　使い込まれて味が出てきた革の表紙に、私の英語との格闘の歴史が刻み込まれているような気がします。

　日本人が英語を習得するのにかかる時間は、一般的に 2400 時間と言われます (※ 米 Foreign Service Institute 調査)。
　これは 1 日 1 時間ペースで約 9 年。1 日 6 時間ペースで約 2 年かかる計算です。ビジネスマンが働きながら……と考えると気が遠くなります。しかも、あなたが英語で仕事をする機会は、今年やってきてもおかしくないのです。

　ですが、あなたの仕事に費やしている時間のうち、メモをとっている時間を全て英語学習の時間に置き換えてしまえば、わざわざ英語学習のために、仕事以外の朝・夜・週末の時間を使う必要がなくなるのです。
　実際に、私はこの方法に出会ってから 1 年も経つ頃には、必要な仕事を英語でこなせるようになっていました。本書で述べている通り、「シーンを絞り」「一点突破で」英語を身につけていった

からです。

　本書には何ひとつ、特殊能力を持った人向けの内容は出てきません。それどころかむしろ、「こんな簡単なことでいいの？」とみなさんから声が挙がりそうな、ごくシンプルな方法ばかりです。でも、だからこそ「続けられた」のです。

海外で活躍できる「怖いもの知らず」になろう

　時々、英語の能力はそんなに高くないけれど、海外においても臆せず自分の仕事のやり方を通じさせてしまうようなガッツのある人がいます。

　英語の文法は、そこそこ。ジャパニーズ・イングリッシュであるにも関わらず、とにかく積極性があって外国人に対し怖気づくことなく、意思疎通をとってしまう人のこと。悪く言えば「怖いもの知らず」な人です。

　実は、仕事が優秀でこういった「怖いもの知らず」なマインドを持っている人は、「英語が堪能だけれど仕事の能力は劣る人」よりもずっと、ビジネスで求められている人材なのです。

　なぜならいくら英語ができても、実際の仕事の会話ができなかったら話にならないからです。

　もちろん英語は重要ですが、それを裏打ちする仕事の能力がなければ、海外では通用しません。むしろ、持ち前の度胸と恥知らずさで場数を踏んで行けば、あっという間に英語力は向上していきます。私の周りで30代から急激に英語が伸びたほとんどがそのタイプです。

つまり、「仕事にはそこそこ自信があるけれど、英語にはまったく自信がない」そんなあなたこそ、すぐにグローバルビジネスの世界で活躍できる素養があるといえるのです。

そして本書には、「英語」と「仕事」の両輪を共に磨き上げていく方法が詰まっています。

「チャンス」を自分で作れる人

つまり、1.英語力を上げながら、2.仕事力を上げていくこと。

そして、これを同時にできるのが、本書で紹介した「1行英語ノート」なのです。

成果をあげることさえできたら、まずはジャパニーズ・イングリッシュでも一切問題ありません。いきなりパーフェクトな英語を話そうと思わないことです。

さきほど、英語を習得するのにかかる時間のことをお話ししました。日本語話者は2400時間なのに対し、英語と構造の似たフランス語やドイツ語話者は、480時間で済むのだそうです。そして、英語と文字や構造の異なる中国語や韓国語話者も、日本人と同じく、英語の習得には2400時間かかるといわれています。

ですが、グローバルな場で実際に英語をバンバン話しているのは日本人以上に、中国人や韓国人というのが現実です。

「場数」を自ら勝ち取らなかったら、英語を使う場面なんて増えていきません。場数が増えたら、英語は海外留学並みに自然とレベルアップしていきます。臆せずにバンバン会話をする中国人や韓国人が、圧倒的に日本人よりも英語に堪能なのも、そこが肝な

のです。

　まずは「チャンス」を自分で作ること。
　そして「場数」を増やすこと。
　その環境を、日本で日常を送りながらもみずから作り出せるの
が、1行英語ノートです。

　私たちが目指しているのは、教科書に載っているような英語を
話すことではありません。「英語を使って、どれだけ成果を出す
仕事ができるのか」が問われているのです。
　完璧なものでなくてもいいことは、言うまでもありません。

　そんな気持ちで1行英語ノートを始めれば、きっと3ヶ月後に
は、ある特定の場面で英語力がアップしているのを確実に感じら
れるはずです。ノートのページをめくり、ページが黒く埋まって
いくたびに、あなたの英語力と論理的思考、そして言いたいこと
を端的に相手に伝える力は確実にアップします。
　きっと、10年後に同じノートを開けば、自分がはるか高みに
来ていることに気づくはずです。

巻末付録

ビジネス英語で本当に使う 英単語とその使い方

この英単語は、私の過去 10 年以上におよぶ英語ノートから抽出した、グローバルビジネスにおける最重要英単語です。仕事をおおまかに 4 つのタイプ × 3 つの場面（準備・行動・意思決定）に分け、各タイプ毎に約 30 語の頻出単語をピックアップしています。

本書のメソッドに従って、「行動」（動詞）、「対象」（名詞）「詳細」（形容詞など）を表す語順で単語を紹介しました。右図「ビジネス英語の重要度と緊急度」と併せて、毎日の英語ノートに役立ててみてください。この約 120 語をまず身につけることで、仕事のかなり広範囲を英語で表現できるようになるはずです。

■ ビジネスで使う英単語のポイント

1 他人を巻き込む単語（➡重要度軸）
- ビジネスでは他人との仕事が前提（使用頻度高め）
- 自分だけの仕事は独り言でもよい（使用頻度低め）

2 緊急性を要する単語（➡緊急度軸）
- 緊急性が高い仕事は他人の助けが必要
（使用頻度高め）
- 緊急性が低い仕事はルーティン業務が多い
（使用頻度低め）

上記の 2 軸で優先づけをすれば重要語は自然とわかる！

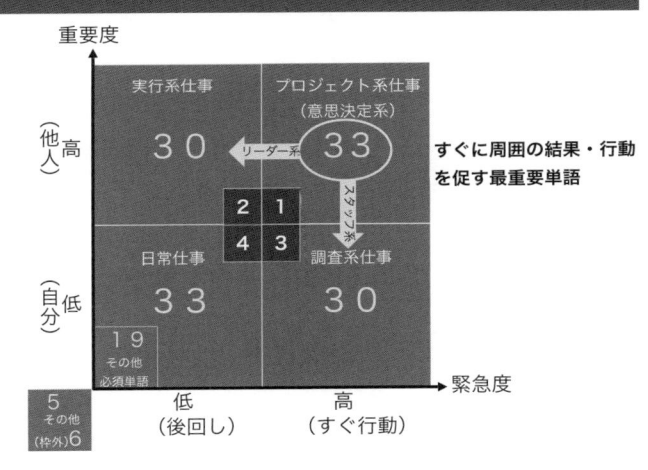

ビジネス英語の重要度と緊急度

この図は、業務内容を4つのタイプに分け、重要度と緊急度の高低を表したものです。重要度の高いものから順に1～4の番号を振っています。仕事に関わる英単語を増やしていく際は、この順に覚えていくと、円滑なコミュニケーションが図れます。特に海外出張など、英会話の機会を直近に控えている場合は、この順で覚えることで最速で重要単語を身につけることができます。

企画などの「プロジェクト系仕事」は、他人を巻き込む必要があり、すぐ行動に移す必要がある仕事です。つまり会話で頻出する単語のため、このジャンルの英単語から身につけることが、英語でのコミュニケーション能力に直結します。

マネジメントに関わるリーダー系の職種の人は、次に「実行系仕事」の単語に移りましょう。「プロジェクト系仕事」に比べ緊急性は低いものの、他者と関わる仕事なので、同様にコミュニケーションが円滑になります。

事務や調査など、人よりもデータを主に扱う職種の場合は、コミュニケーションよりも報告が主となる「調査系仕事」の単語に取りかかりましょう。前述の2タイプと比べ、他人を巻き込む度合いが低いため、即効性を求める人にとって優先順位はやや低くなるジャンルです。

最後に、自分で黙々と作業できるルーティンワーク「日常仕事」に関わる単語にトライします。海外出張など英会話に比重を置く人は最後に取り組めばOKですが、特に緊急性のない人は、より身近で日常的なこのタイプから取り組むのもおすすめです。

最重要単語 33：プロジェクト系仕事

準備	1 arrange	〜を整理する、手配する
	2 check	〜を確認する
	3 evaluate	〜を評価する
	4 follow	〜に続く
	5 improve	〜を改善する、向上させる
	6 make sure	〜を確かめる
	7 negotiate	〜を交渉する、協議する
	8 issue	問題点、争点、論点
	9 preparation	準備
	10 task	任務、仕事、課題
	11 efficient	効率的な
議論／行動	12 ask for	〜を要求する
	13 communicate	〜を伝える、連絡を取り合う
	14 estimate	〜を見積もる、推測する
	15 finalize	〜を最終的に決定する、仕上げる、まとめる
	16 focus	〜の焦点を合わせる、焦点、中心
	17 review	〜を見直す
	18 share	〜を共有する
	19 throughout	〜の期間じゅう、〜を通してずっと
	20 attention	注意、配慮
	21 option	選択肢
	22 summary	要約
意思決定	23 announce	〜を発表する
	24 complete	〜を完了する
	25 deliver	〜を配達する、伝える、納品する、引き渡す
	26 expand	〜を広げる
	27 handle	〜に対処する、操作する、運営する
	28 launch	〜を始める、着手する、発売、開始
	29 organize	〜を組織する、準備する、体系化する、まとめる
	30 postpone	〜を延期する
	31 deadline	締め切り
	32 additional	追加の
	33 on time	予定通りに

準備	1	attend	〜に出席する
	2	book	〜を予約する
	3	fill	〜を満たす、記入する
	4	fit	〜に納める、ふさわしい
	5	remind	〜を思い出させる
	6	reserve	〜を予約する、取っておく
	7	feedback	感想、意見、評価
	8	notice	予告、通知、注意
	9	source	情報源、原因、根源
議論／行動	10	affect	〜に影響を及ぼす
	11	encourage	〜を勧める、励ます、促す
	12	increase	〜を増やす、増える
	13	maintain	〜を維持する
	14	offer	〜を提供する、と申し出る
	15	provide	〜を提供する
	16	put together	〜をまとめる
	17	reduce	〜を減らす、減少する
	18	respond	〜と答える、返事をする
	19	host	司会者、主催者
	20	as soon as	〜するとすぐに
意思決定	21	achieve	〜を達成する
	22	adjust	〜を調整する
	23	allow	〜を許す
	24	confirm	〜を確認する
	25	extend	〜を延長する、拡張する、拡大する
	26	inform	〜に知らせる
	27	post	〜を掲示する、発表する
	28	reach	〜と連絡をとる、に到着する
	29	replace	〜を交換する、に取って代わる
	30	transfer	移転する、移転させる

重要単語 30：調査系仕事

準備	1	exceed	～を上回る
	2	expect	予期する
	3	colleague	同僚
	4	complaint	不平
	5	customer	顧客、取引先
	6	item	項目
	7	location	所在地
	8	participant	参加者
	9	performance	成果
	10	process	進行
	11	available	使用できる
議論／行動	12	consider	考える
	13	impress	影響を与える
	14	refer	委ねる、参照する
	15	seem	～のように思われる
	16	suppose	想定する
	17	according to	～によると
	18	however	しかしながら
	19	previous	以前の
	20	temporary	一時的な
	21	unfortunately	あいにく
意思決定	22	recommend	推薦する
	23	remain	依然として～のままである
	24	require	～を必要とする
	25	submit	～を提出する
	26	update	～を改訂する
	27	direction	方向、指示
	28	result	成果
	29	potential	可能性がある
	30	reasonable	合理的な

重要単語 33：日常仕事

準備	1	agenda	議題
	2	amount	量
	3	budget	予算
	4	charge	請求
	5	chart	図
	6	department	部署
	7	fee	料金、手数料
	8	figure	数量、価格
	9	foundation	土台
	10	policy	方針
	11	workshop	勉強会

議論／行動	12	mention	～に言及する
	13	set up	～を組み立てる
	14	sing up	契約する
	15	application	申し込み
	16	individual	個人
	17	routine	決められた方法
	18	view	意見
	19	by oneself	一人だけで
	20	current	現在の
	21	initial	初期の
	22	instead of	～の代わりに

意思決定	23	discount	～を無視する、割引
	24	install	～を設置する
	25	operate	動作する
	26	pack	荷造りする
	27	produce	～を製造する
	28	purchase	～を購入する
	29	repair	～を修理する
	30	ship	～を発送する
	31	supply	～を供給する
	32	contract	契約
	33	list	リスト

■著者略歴

金田博之（かねだ・ひろゆき）

1975 年山口県下関市生まれ。
大学卒業後、グローバルに展開する外資系大手ソフトウェア企業 SAP に入社。以来、入社 1 年目で社長賞受賞、29 歳で副社長補佐、30 歳で部長に着任、35 歳で本部長に昇格。SAP 全社 10 万名のなかのハイパフォーマンス（上位 2%）を挙げた人物に 7 年連続で選抜される。
2007 年、INSEAD 大学でエグゼクティブ MBA を卒業。日本の大手製造・流通企業ミスミで GM としてグローバル新規事業を推進した後、現在は NASDAQ に上場している外資系 IT 企業「ライブパーソン（LivePerson）」の日本法人代表。
プライベートでは勉強会を定期的に開催し、参加者は累計 1000 名を超える。現役のビジネスパーソンでありながら、これまで 8 冊の書籍を出版。プレジデント、ダイヤモンド、東洋経済、日経ビジネスアソシエなど各種メディア掲載実績多数。オフィシャルメルマガは 2017 年・2018 年それぞれまぐまぐ大賞を受賞。2019 年からは金田博之ニコニコチャンネルを放送開始。

メルマガ：金田博之のたった一冊のノートで出世する「一流のグローバル人材」への確実な道
http://www.mag2.com/m/0001679909.html
ニコニコチャンネル 1：時代に乗り遅れない！ どんな会社でも結果が出せる法則
https://ch.nicovideo.jp/kaneda-hiroyuki
ニコニコチャンネル 2：「最新の経営理論」を習得する低価格・実践型 MBA 学習サロン
https://ch.nicovideo.jp/kaneda-mba

オフィシャルブログサイト：
https://www.hiroyukikaneda.com/

本書の内容に関するお問い合わせ
明日香出版社　編集部
☎ (03) 5395-7651

成功する人の 英語ノート活用術

| 2019 年　5 月 30 日　　初版 発行 | | 著　者　金　田　博　之 |
| 2019 年　9 月 20 日　　第 5 刷 発行 | | 発行者　石　野　栄　一 |

〒 112-0005 東京都文京区水道 2-11-5
電話 (03) 5395-7650 （代　表）
　　 (03) 5395-7654 （FAX）
郵便振替 00150-6-183481
http://www.asuka-g.co.jp

明日香出版社

■スタッフ■　編集　小林勝／久松圭祐／古川創一／藤田知子／田中裕也
　　　　　　　　営業　渡辺久夫／浜田充弘／奥本達哉／横尾一樹／関山美保子／藤本さやか
　　　　　　　　　　　南あずさ　財務　早川朋子

印刷　株式会社フクイン
製本　根本製本株式会社
ISBN 978-4-7569-2031-7 C0082

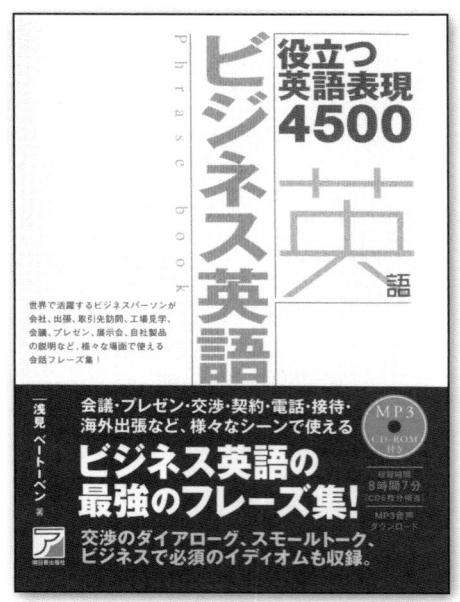